理解用户情绪，定制营销策略

顾客情绪心理学

戚 研◎著

古吴轩出版社
中国·苏州

图书在版编目（CIP）数据

顾客情绪心理学 / 戚研著. — 苏州 ：古吴轩出版社，2018.12
ISBN 978-7-5546-1259-0

Ⅰ. ①顾… Ⅱ. ①戚… Ⅲ. ①消费心理学 Ⅳ. ①F713.55

中国版本图书馆CIP数据核字（2018）第284898号

责任编辑： 蒋丽华
见习编辑： 沈师伃
策　　划： 马剑涛
装帧设计： 润和佳艺

书　　名： **顾客情绪心理学**
著　　者： 戚　研
出版发行： 古吴轩出版社
地址：苏州市十梓街458号　　邮编：215006
Http：//www.guwuxuancbs.com　E-mail：gwxcbs@126.com
电话：0512-65233679　　传真：0512-65220750
出 版 人： 钱经纬
印　　刷： 大厂回族自治县彩虹印刷有限公司
开　　本： 710×1000　1/16
印　　张： 14
版　　次： 2018年12月第1版　第1次印刷
书　　号： ISBN 978-7-5546-1259-0
定　　价： 39.80元

前言

人是矛盾的集合体，既有理性的一面，也有不理性的一面。

顾客在商场里向销售员认真地询问价格，思考之后付款，此时他们表现出的是理性的一面。

然而人类也是情绪化的动物，在购物的过程中，顾客出于某种原因，会对某种商品产生强烈的偏好，此时他们表现出非理性的一面。甚至有人说：顾客80%的购买行为是基于“感性的情绪”，而不是“理性的逻辑”。

在心理学上，情绪被描述为针对事物产生的突发反应，说得通俗一点，就是我们面对一件事物时，第一时间产生的感觉。情绪来得快，去得也快，然而这种短暂的情绪会对人的心理产生极大的影响，人们往往会在情绪的支配下做出冲动的决策，等到冷静下来以后，又感到后悔不已。

从商几十年以来，我见过很多不同类型的顾客在面对相同的情况时，会做出不同的选择。例如，面对同样一件标价700元的红色羽绒服，有的顾客非常喜欢，高高兴兴地埋单，整个过程相当干脆，毫不拖泥带水；有的顾客却犹犹豫豫，一直和销售员讨价还价，虽然最后得到了很低的折扣，但是依然感觉自己吃亏了。

销售员最怕顾客生气，因为当顾客出现愤怒情绪时，他们往往不会听销售员解释，只想着发泄心中的不满，他们在商店里大吵大闹，这对于店铺的形象来说，简直是致命的伤害。实际上顾客的情绪是慢慢积累的，很少有人会对着一位从未见过面的销售员大发脾气。

美国营销专家巴诺在他的著作《抱怨是福》中写道："当顾客对服务感到不满时，他们有两种选择，一是他们可以说点儿什么，二是一走了之。如果他们一走了之，就等于根本不给企业消除他们不满的机会。提起投诉的顾客仍在和我们沟通，在给我们机会让我们的服务回到令人满意的状态，顾客也更有可能再次光顾企业。尽管我们不愿听逆耳之言，但是顾客的抱怨的确是一种赠予。"

因此，在面对顾客时，销售员有必要了解顾客当时的情绪状态，根据他们的性格，采取不同的销售策略，以免惹火上身。

顾客有理性的一面，但是也有盲目的时候。如何利用瞬间出现的情绪，引导顾客完成交易，就是本书将要探讨的内容。

目录

第一章 顾客是非理性的冲动消费者

第二章 潜伏在顾客内心的八种情绪

第一章
顾客是非理性的冲动消费者

顾客很容易被一些非理性因素影响，变得盲目、冲动、狂热，在激动情绪的支配下，做出不理性的决定。从心理学的角度分析，这是因为进入商场以后，角色的转变促使顾客变得更加敏感，一些琐碎的小事也可能点燃心中的怒火。因此，了解顾客的思维模式，揣摩顾客的心理活动，掌握顾客的情绪变化，是一名合格销售员的必修课程。

顾客真的理性吗

古希腊哲学家亚里士多德说过一句名言：“人是理性的动物。”

在商场里，人们谨慎地制订购物计划，反复比较货物，力求达到质量与价格之间的完美平衡。人们相信，此时此刻自己是理性的。

然而无数次的经验告诉我们，事情没有这么简单。

顾客真的是理性的吗？顾客的思维中有没有可能存在非理性的成分呢？

顾客情绪失控引发暴力抢购

2018年1月15日，法国多地出现暴力抢购，造成多人受伤。事件的起因是法国当地的一家超市发起的一项促销活动，他们把一款巧克力榛子酱的售价由4.7欧元（约合37元人民币）下调至1.4欧元（约11元人民币），从而引发了暴力抢购事件。在抢购过程中，平日里非常理性的顾客们都仿佛变了个人，他们互相推搡，甚至大打出手。超市员工们试图阻止，却遭到了激烈的反抗。最终，无法控制局势的超市员工不得不选择报警。

事后，一位网民在推特上发布了一个“暴力抢购”的视频，画面中的人们正在奋力抢夺商品，场面十分疯狂，他写道：“认真的吗？所有这些人就是为了一罐巧克力榛子酱？”

有一位顾客告诉媒体，有的人就像野兽一样疯狂，一位中年女士拉扯一位老太太的头发，还有一位老太太的手也流血了。

为什么超市里的顾客会哄抢商品呢？难道是因为这款巧克力榛子酱太好吃了，甚至好吃得令人疯狂吗？恐怕不是。让顾客失去理性的不是产品，而是降价的活动。在“疯狂大减价”的引诱下，人们的情绪变得紧张起来。这件事说明了一个道理：人在情绪的支配下，会做出不理性的决定。这是人类自诞生之初，在数十万年的历史进程中逐渐形成的铁一般的规律。无论社会的经济水平多么发达，都无法改变这一点。

参考效应左右了顾客的消费决策

在购物的过程中，顾客的非理性表现主要体现在参考效应上。顾客在购买一件商品的时候，通常会将多个品牌的同类商品进行对比，也就是货比三家。如果眼前的这件商品和其他几家的价格相差不大，他的情绪就会比较平稳，然后从样式、功能等特色上进行对比，选择最心仪的那一款。但如果眼前的这件商品和其他几家的价格差异较大，顾客的情绪就会波澜起伏，他会感到十分疑惑：为何外观相似的两件货物，价格却相差甚远呢？为了从逻辑上解决这个问题，他开始尝试着说服自己：肯定是因为质量上的差异较大，毕竟“一分价钱一分货”嘛！买东西还是得看大品牌！

在比较的过程中，顾客的注意力逐渐转移到了“比较”这件事上，却忽视了最根本的一点——“我要购买合适的商品，而不是购买相比之下最好的商品”。

顾客固然是有理性的，但是在消费的过程中，很容易陷入非理性的陷阱中。销售员要准确地捕捉顾客的心理弱点，并且加以利用，刻意营造出产品的差别，主动为顾客提供参考物，将顾客引入彀中。

顾客的行动总是比理智的思考抢先一步

过去，企业家们在分析市场信息的时候，总是习惯于使用逻辑法，他们将顾客想象成具有理智的人群。他们相信，每一位顾客在做出决定之前，必定在心中经过了长时间的考虑，用缜密的逻辑反复考量，然后得出一个最符合自身条件的选项。

只有销售员才明白，很多顾客在购物时是非常感性的，他们并没有考虑之后会出现的种种情况，仅仅是为了满足当时出现的冲动欲望。有的时候，甚至连顾客自己都不知道自己喜欢的是什么。企业事前所做的分析报告，等同于一张废纸。因此，在销售的世界里，只有“最诱人”的商品，没有“最实惠”的商品。

“双11”购物节：一场全民冲动的狂欢节

如果在网上发起一项调查，评选“人类有史以来最火热的购物节”，“双11”一定不会被落下。得益于中国市场经济的繁荣发展，“双11”的火爆程度已经达到令人吃惊的地步了。

2017年11月11日，“双11”实时交易数据显示，仅仅开场3分01秒，一项新的世界纪录就诞生了：成交额突破100亿元。

开场6分05秒，成交额突破200亿元。

开场7分23秒，支付笔数突破1亿笔，相当于2012年“双11”全天的支付总笔数。交易峰值为25.6万笔/秒，比2016年增长了超过1倍。

13点09分49秒，交易额达到1207亿元，打破2016年全天交易额纪录。

据统计，2017年天猫“双11”当天总交易额达到1682亿元，移动端成交占比90%，共产生8.12亿个物流订单，覆盖超过200个国家和地区。

“双11”给商家带来巨大成交量的同时，也带来了巨大的退货量。天猫官方微博发文称，2017年“双11”的退货率仅为6.1%，不到发达国家的1/3。这个数字看上去并不大，但是别忘了，“双11”的成交额是用千亿来计算的。

造成如此巨大退货量的主要“元凶”，就是冲动消费。大规模的降价折扣将消费者的情绪调动了起来，消费者固然可以得到实惠，但是回头想一想，有多少物品是他们真正需要的呢？买了很多“可有可无”的东西，这就是典型的冲动消费。狂欢过后，消费者不得不品尝到苦果：物流瘫痪、尺寸不对、买的东西根本用不上等。

在无数买家冲动消费的同时，不少卖家似乎也陷入了冲动售货的陷阱中。例如，有的用户利用“7天无理由退货”的协议，一次性购入大批量的衣服，到货后却只留下少数几件，剩下的直接退货。这种大量退货的行为，让不少商家头疼不已，因为他们蒙受的损失只能自己承担，只能寄希望于用户降低冲动消费的频率。

情绪冲动的一瞬间，顾客的理性值为0

冲动消费有一个非常显著的特征，即消费者事先并没有清晰的计划，也没有必须购买的意识，只是在外界因素的刺激下，偶然形成了购物行为。在做出付款决定时，他们可能并没有经过仔细的思索。或许等他们回到家里，将包装打开以后，就再也不会碰它了。接着，在某一天与他人谈到这件事的时候，他们就会为当初的冲动而后悔："也不知道我当时是怎么想的，脑门一热就买了。"

作为冲动消费的驱动力之一，情绪对消费者的影响是非常强烈的，即便是平日里很理性的人，也可能按捺不住内心的冲动。有的人在遭受压力和挫折时，习惯通过购物来排解内心的消极情绪，这一点在女性身上体现得尤为明显。

有学者认为，这或许与女性的生理特点有关。伴随着雌性激素分泌的周期性波动，女性更容易产生情绪障碍，出现抑郁、恐慌、焦虑、愤怒等情绪。在逛街和购物的过程中，商品、音乐和灯光带来的新鲜感刺激着女性的神经。当她们花光了购物卡里的钱，带着"血拼"而来的商品满载而归时，她们的心情也变得好起来。等消极情绪如同潮水般退去以后，她们会发现，在商场付款的一瞬间，她们的理性值迅速归零，而她们买回来的，可能只是一堆可有可无的东西。

顾客的思维方式跟你想象的不一样

有人说："顾客就像恋人，喜怒无常，你永远不知道他们下一秒会不会突然生气，然后转身就走。"也有人说："顾客都是理性的，只要物美价廉，就能赢得他们的尊重与支持。"还有人觉得："顾客是另一个世界的生物，他们的思维方式连上帝也无法捉摸。"

为什么顾客就是不买

有时，顾客明明很喜欢一件东西，拿在手上看了很久，还特意试了试，同伴们也称赞不已。销售员在一旁尽心尽力地服务，眼看着就要成交了，顾客却出人意料地把东西放了回去，什么也不说。

尽管心中充满了困惑，销售员还是维持着笑容轻声问道："怎么了？您不喜欢吗？不妨试试其他款式吧！"

可是顾客没有留下商讨的余地，轻飘飘地丢下一句："哦，我就是随便看看。"

与此相似的话语还有很多，例如下面这些。

深思熟虑型："我想了很久，还是决定不买了。"

完美主义型："我也不是很懂，但就是感觉不是很好。"

科学狂人型："不符合人体工程学原理，对身体不好。"

装聋作哑型："我不懂这些。"

理性思考型："东西还行，可是我没这么多钱。"

每当遇到这样的场景，销售员都会忍不住在心里大发牢骚："明明很喜欢，为什么不买呢？"如果在短时间内连续遇到这样的顾客，销售员甚至会怀疑自己不适合做销售。

这个世界上最不缺的就是顾客，缺少的是受顾客欢迎的优秀销售员。一名优秀的销售员，应当是一位资深的心理学家，具备找出顾客真实想法的能力。他必须明白，顾客不是一个简单的集合体，而是由许许多多的个体组成的大群体。顾客的思维方式很复杂，却也有迹可循，不能将其简单化、抽象化，而应该将其差异化、具体化。

左脑、右脑产生截然不同的思维方式

20世纪50年代，美国生物学家斯佩里博士做了一组"割裂脑"实验。通过实验，斯佩里博士得出结论：人的左右脑可以独立工作，左脑产生理性思维，右脑产生感性思维。有的人左脑更发达，而有的人更擅长用右脑，从而表现出完全不同的思维模式。对左右脑的使用程度，在无形中影

响着人们的行为和决策。

当我们将左右脑分工理论运用到销售中时，就会发现顾客的思维也遵循这个规律。

1. 理性的左脑型思维

拥有左脑型思维的人非常注重逻辑和次序，对数字、品牌非常敏感，通常表现为挑剔产品的质量、货比三家、讨价还价、挑选店家和品牌、反复权衡等。他们在购物时，往往会非常认真地观察商品的各方面属性，并且同其他商品进行比较，最后选出一个最符合自身需求的。

这类顾客一般性格成熟，情绪稳定，他们喜欢的是态度认真、经验丰富、彬彬有礼的销售员。如果这时销售员站在他身旁，不厌其烦地跟他说空洞的产品文案，只会让他感到厌恶。

2. 感性的右脑型思维

拥有右脑型思维的人更加注重情感和色彩，通常表现为对生活方式易产生联想，注重产品能够产生的效果，注重产品的广告宣传等。在购物时，他们会非常看重产品的某一个方面，例如外观及设计理念，而对其他方面则不怎么在意。

这类顾客一般情感强烈，容易沉浸在产品优秀的设计理念和美感之中，看中一款商品之后，就会爱不释手。他们喜欢热闹的场景，低声平静的介绍完全吸引不了他们的注意力，反而会让他们误以为受到了怠慢。相反，充满活力和激情的销售人员能够牢牢地抓住他们的注意力。向此类顾客推销时，不宜拿出过多的替代产品供其选择，否则会使他们陷入选择困难中。

每个顾客都有其独特的性格特点，在面对商品时，不同的人会产生不同的反应，这就是了解顾客情绪心理学的基础。如果销售人员没有察觉到这一点，用同一套标准对待不同的顾客，就极有可能惹恼顾客，做不成生意。销售人员应当根据顾客的思维方式选择销售的方法，稳住顾客的情绪，令其在轻松愉悦的氛围中完成交易。

潜意识支配着顾客的行动

“适应性最强的寄生物是什么？细菌，病毒，还是蛔虫？”

“是想法。它适应性强，感染度高。一旦一个想法植入脑海，便难以消除。一个完全成型、领悟透彻的想法会扎根于脑海，挥之不去。”

电影《盗梦空间》中的这段对话可谓精妙至极，潜意识中一个微不足道的念头，就有可能掀起惊涛骇浪，足以改变人的一生。对于顾客也是同样的道理。

如果能够开动脑筋，想个办法调动顾客的潜意识，让他们在无形之中接受我们，对我们产生百分百的信任，这个世界上还会有做不成的生意吗？

潜意识诱导人们做出不符合逻辑的事

《伊索寓言》中有这样一则故事：

一只乌龟来到河边，准备游过河去。这时一只蝎子跑了过来，对乌龟说："我也要过河，你能背我过去吗？"乌龟说："我可以背你过去，只是你千万不能在我背上蜇我。"

蝎子哈哈大笑，仿佛听见了世间最大的笑话："如果我蜇了你，你沉到水底，我不也跟着淹死了吗？你以为我是傻瓜吗，连最基本的逻辑都不懂？"

乌龟一听，觉得很有道理，于是同意背着蝎子过河。谁知刚到河中央，蝎子就把乌龟给蜇了。

临死之前，乌龟用哀怨的眼神望着蝎子："你的逻辑呢？"

蝎子无奈地说："从逻辑上说我不该蜇你，可这是我的本性啊，我也控制不住自己。"

顾客进入商店以后，往往会受到潜意识的影响，一些早就已经形成的意念，会在片刻间让顾客下定决心。从营销的角度来说，顾客做出的决定90%都直接来自潜意识，完全不受潜意识影响的人只是凤毛麟角。潜意识让他觉得看到的衣服很丑，尽管那是最流行的款式；潜意识也可以让他觉得看到的那款手机太"高大上"了，就算你把一款更好的手机放在他面前，他或许也不会多看一眼。

人的意识需要逻辑的支撑，但潜意识完全不受逻辑的约束。在购物的时候，顾客对着眼前的商品精挑细选，仔细比较其中的优劣。当他们在脑海中将这些一一列举出来以后，潜意识就登场了。

"尽管左边的看上去更好，但我还是喜欢右边的这款。"这句话你一定很耳熟吧？

广告从潜意识层面影响了大众

以往人们总说“酒香不怕巷子深”，但是新时代的传媒告诉我们，闭门造车是不行的。“要想销量好，必须打广告”，这句话已经成了人们的共识。

将产品的信息传递给消费者，这只是广告的基本功能。现代社会的广告，早已发展到了一个更高的层次——从潜意识层面影响消费者。简单来说，就是给消费者“植入意念”，正如电影《盗梦空间》中莱昂纳多的做法一样。通过广告，商家把一个极其微小的概念输送给大众，然后静静等待，等着这个意念在人们的脑海中生根发芽，最终成长为参天大树。

在营销行业，有一句广告语堪称潜意识营销的经典——“钻石恒久远，一颗永流传”。1950年，戴·比尔斯用这句广告语将爱情和钻石捆绑在一起，从此影响了世界人民的消费观。在人们的潜意识中，一颗璀璨的钻石，就是爱情坚贞不渝的见证。而在此之前，钻石和金银一样，只是贵族们把玩的珍宝而已，与爱情没有任何关系。

购物是顾客获得满足感的方法

1943年，美国心理学家亚伯拉罕・马斯洛提出了一个有趣的理论，他认为人类有五种需求，这五种需求按层次由低到高排序依次是生理需求、安全需求、社交需求、尊重需求和自我实现需求。

如果我们从这个角度来分析，就会得出一个很有趣的结论：顾客来到商场，并不仅仅是为了购物，他们还有很多需求。顾客前来购物是为了获得满足感，在购物时发泄情绪也是出于这个目的。

顾客对商品的五个需求层次

根据马斯洛需求层次理论，顾客对商品有多层次的诉求，消费观念也不一样。比如说马齿苋在城市里是稀罕货，因为它营养丰富，但在农村就没那么稀奇了。总的来说，顾客的需求层次越高，就越不容易被满足。

（1）生理需求：衣、食、住、行等最基本的需求。顾客在满足自身的这种需求时，往往只要求产品具有一般功能。

（2）安全需求：安全也是人们的基本需求，当最基本的生理需求解决后，顾客就会开始关注安全层面的需求。

（3）社交需求：对友谊、爱情以及隶属关系的需求。顾客出于这种需求，会关注产品是否能够吸引他人的目光，从而提升自己的交际形象。

（4）尊重需求：包括对成就或自我价值的个人感觉，也包括他人对自己的认可与尊重。体现在消费者身上，就是消费者开始关注产品的象征意义了。

（5）自我实现需求：体现为对达到人生境界的需求，也是最高层次的需求。出于这种需求，顾客一般会维护自己心仪的固定品牌。

身处不同需求层次的顾客，在购物时的情绪表现也有明显的不同。简单来说，就是看他们的需求能不能得到满足。例如，当顾客处于生理需求层次时，他们最看重的是产品的一般功能，也就是我们常说的性价比。此时顾客希望买到性价比最高的东西，如果商品的价格和期望相差甚远，顾客就会产生不满的情绪。

研究表明，在需求的五个层次中，获得成就感和满足感是人们的共同追求。顾客知道付款是购物的基本条件，但是他们不仅想要买到相应的商品，还想要商家能以端正的心态对待自己。

与销售员较量，是某些顾客追逐的乐趣

面对销售员，顾客都有一个共同的顾虑：“眼前的这个人会不会忽悠

我？”再优秀的销售员，也无法避免这个问题。从顾客的角度看，店家就是与他相对立的那个角色。无论当时心情是好是坏，他都已经做好了准备，要与销售员进行一场智慧的较量。

还有些顾客更有意思，他们很享受与销售员讨价还价的过程。在他们眼里，购物就像一场狩猎游戏。他们像某些猫科动物一样，发现猎物之后，不会立即出手，而是悄悄逼近，小心试探。他们的这种心理，很难用常理解释，销售员们无法理解这种将自己折磨得精疲力竭的“游戏”到底有什么意思。

其实按照马斯洛需求层次理论，这一切都很好理解，我们甚至可以用一句话把顾客的心理概括出来：“砍价成功，就代表我赢了销售员，我真了不起！”

这也就可以解释，为什么有些顾客进店以后，就迅速收起笑脸，摆出一副要吵架的样子。销售员们会觉得很委屈：“不就是买个东西吗，有必要动不动就给人脸色看吗？”

缺少经验的销售员有可能因为一些小事而与顾客发生口角，通常起因是顾客百般挑剔，甚至提出一些不合理的要求，如果销售员处理不当，就有可能使双方不欢而散。顾客感到自己的购物情绪受到了极大的影响，就会迁怒于商店或品牌。再次光临时，往日里产生的坏情绪会再次涌上心头，他的情绪就又变坏了。

有的时候，顾客和销售员进行了一番激烈的讨价还价，销售员却始终没有打折，为了维护自己的面子，顾客会故意气冲冲地离开，他们希望用这样的方式表达自己的不满，同时也让销售员为丢失一笔生意而后悔。如果销售员真的后悔，就会将顾客喊回去，同意打折的要求。这时顾客就会笑容满面，因为他知道，在这场激烈的博弈中，自己获得了最后的胜利。

拟人化营销打消了顾客的防备心

一个小男孩津津有味地看着动画片，突然转身对妈妈说："我太喜欢美羊羊了。"妈妈问他原因，他说："因为美羊羊太可爱了，她会种花，还会缝衣服。"

种花和缝衣服不是人类才会的吗？为什么动画片要将这些人类的动作赋予到一只小羊身上呢？答案很简单，给小羊加上人性化的特征后，就会让观众产生特殊的情感，这就是拟人化的力量。

拟人化营销是企业精心设计的陷阱

拟人就是把人的行为特征赋予到事物上，为其塑造有感情、懂语言的形象。拟人化的最大好处是生动形象，使人更加容易接受。拟人化在生活中的运用十分广泛，例如老师在课堂上给孩子们讲"太阳公公"的故事。随着互联网技术的不断发展，拟人化营销的力量越来越强大，消费者在无形之中就被吸引了，因此推行拟人化营销几乎成为企业的必修课。

就连汽车这种钢铁“兽”，也被设计师们赋予了拟人化的特征。和人脸一样，汽车也有一张“车脸”，也就是车头的总体外观。如果你仔细观察过“车脸”，就会发现大多数“车脸”都被设计成了一张“笑脸”，或者是威武霸气的“严肃脸”，却很少有沮丧的表情。人人都讨厌负能量的人，因为他们不厌其烦地向人们传递消极情绪，汽车的制造商们非常明白这个道理，他们不希望顾客看到“车脸”的时候，竟会察觉到一丝消沉的情绪。

人们或许认为汽车设计是出于设计师的个人习惯，其实任何一款汽车的设计都是一系列科学研究的成果，设计师只是在这个过程中添加了一些独特的风格。就好像画画、练书法一样，看似完全由作者掌控，其实作者也需要遵守一些特定的规则。设计师必须想到，目标人群在看到汽车，特别是汽车的“车脸”时会产生怎样的感受。如果顾客感受较好，汽车的设计则容易被认同。如果顾客感受不好，设计师的努力就白费了。这就解释了为什么消费者会对某些车型一见钟情，却认为某些车型毫无亮点可言。归根结底，都是设计人员精心选择的结果。其目的是在潜意识层面中引诱消费者，就像在灯火的引诱下，飞蛾总是心甘情愿地扑过去一样。

在品牌的人性化特征面前，顾客毫无抵抗力

在现代商业社会中，利用拟人化进行营销的例子数不胜数。像杜蕾斯自称“杜杜”，麦当劳自称“麦麦”，这些称谓都能让消费者用最直观的方式感受到品牌的特点。有趣的是，消费者明明知道与他们交流的是人，却还是会把自己的情感倾注在品牌上。消费者怎么看待这些昵称，就会怎

么看待对应的产品。

长篇累牍的文案会让消费者感到疲倦，容易引起消费者的反感，而拟人化则把品牌化作人，赋予品牌外部特征，以及情感乃至灵魂，能够迅速拉近品牌和消费者之间的距离，从而促进品牌和消费者的沟通，提高消费者对品牌的忠诚度。将产品拟人化以后，就可以让产品的形象更生动，给消费者留下深刻的印象。

拟人化营销的关键是将品牌塑造成人的形象，他的个性一定要鲜明、有趣，要和产品给人的感受相关，还要抓住时机“上头条”，这样才能保持曝光度，获得持续关注。杜蕾斯利用官方微博进行拟人化营销，取得了很好的营销效果。2017年感恩节，杜蕾斯在文案上大做文章，每小时推送一张海报，一口气“调戏”了十几个品牌。而那些被“调戏”的品牌，也适时给予了回应。通过这些高质量的文案互动，杜蕾斯和各大品牌给网民们上演了一场特别的“文案烟花秀”。

面对这些别出心裁的营销方案，消费者怎么会不喜爱呢？又怎么会拒绝品牌传递出的诚意呢？

顾客喜欢用“我很满意”催眠自己

谁能最终说服顾客？是口若悬河的销售人员，还是品质优良的商品？这些都不能最终说服顾客，只能影响顾客，不能最终决定顾客的想法。能够最终说服顾客的只有一个人——顾客自己！

如果我说，顾客会“催眠”自己，你相信吗？

顾客是被自己一步步“催眠”的

在商场购物时，销售员总是不厌其烦地向顾客推销产品。例如，服装销售员会说：“您要是喜欢就穿上试试吧。”如果顾客穿上这件衣服，销售员就将顾客引入了一个圈套，一个让顾客“催眠”自己的圈套，而这件衣服卖出去的概率也会大大提高。

这是怎么回事呢？让我们通过两组场景对话来感受一下吧。

场景一：

销售员："小姐，您穿上这件棉服之后，感觉暖和吗?"（商场内一般温度适宜，再穿上棉服，顾客不可能不暖和。）

顾客员："还行。"

销售员："最近太冷了，外面就像冰窖一样，如果没有一件适合自己的棉服，该有多难受呀!"（"冰窖""难受"引发顾客的联想，"适合自己"则是对顾客的暗示。）

顾客："是的，是的……"

销售员："小姐，这件衣服您穿着特别合身，把您的身材凸显得很好看，显得您的腰特别细。"（引诱顾客对镜自赏，陶醉在"很好看"的感觉中。）

顾客："那行，就这件吧……"

场景二：

销售员："先生，您可以走两步试试，看看鞋子合不合脚。"（引导顾客感受鞋子。）

顾客："好的。"（如果顾客连续走了很多步，说明他觉得鞋子穿着很舒服，否则他会立即脱掉。可是如果他一边走一边看其他鞋子的话，就说明他对这双鞋子的兴趣不大。）

销售员："先生，您觉得穿着这双鞋子走路的时候重不重？"

顾客："还行。"

销售员："嗯，这双鞋用的是××技术，××材料，这种材料防磨损，还非常轻盈。您感觉鞋子穿着舒服吗?"（普通人一般不了解技术、材料方面专业性很强的词语，突然听到会产生一种觉得商品很神秘和“高大上”的感觉。）

顾客：“嗯，还可以……”

销售员：“您如果穿着这双鞋子去旅游，哪怕走一天的路也不会感到累。”（场景化描述，引导顾客对未来的美好生活产生联想。）

发现了吗？销售员总是用两个步骤将顾客逐渐引入联想之中。他们先引导顾客感觉产品的卖点，比如暖和、轻盈。当顾客同意或默认之后，销售员再把顾客的思绪引向未来的使用场景中。虽然尚未付款，但是顾客在心里已经把鞋看成是自己的了。

这种不断暗示自己的行为，就是自我“催眠”。于是，我们会发现，在销售员的引导下，顾客越看越觉得商品适合自己，简直就是为自己量身打造的。

顾客自我“催眠”，是为了满足自身的利益需求

谈到销售，很多人往往忽略了一件事——顾客喜欢性价比高的产品。每年“双11”都有浩浩荡荡的网购大军赶往天猫下单，准确地说，他们不是来“剁手”的，而是希望在商家集中打折的浪潮中分一杯羹。顾客想买到性价比高的产品，如果价格明显低于预期，他们就会觉得自己赚到了。

顾客之所以会自我“催眠”，归根结底还是希望从中获利，所以他们其实是被利益引诱的！而商家紧紧抓住了顾客的心理，引导顾客进行联想，联想拥有产品给他带来的利益，联想未拥有产品可能引起的痛苦，最终就可以实现利益在顾客心中的最大化，促使顾客做出决定，完成交易。

第二章
潜伏在顾客内心的八种情绪

当人们进入消费场所时，他们的角色便自然而然地变成了顾客，也就是前来消费的“上帝”。全新的环境、明确的目的，使得顾客的情绪发生了微妙的变化。顾客容易陷入情绪的旋涡中，在不同情绪的支配下，做出截然不同的选择。

快乐是最利于交易的情绪

商场需要人气。不许顾客开怀大笑，只单纯地陈列商品，那是博物馆，不是商场。商家希望顾客快乐，因为在快乐情绪的刺激下，人们意志坚定，出手阔绰。欢笑声越多，顾客再次前来的可能就越大，生意也就会越好。

如何让顾客保持好心情，身心愉悦地购物，成为销售人员经常思考的、最能提高业绩的大事，尤其是在服务业，“让客户高兴”已经是金科玉律了。

必胜客的快乐游戏就餐法

提起比萨，很多人的第一印象就是“必胜客”，以及它独特的标志——一顶红红的帽子下面，写着“必胜客”三个大字。必胜客和肯德基、麦当劳一样，都是美国的快餐公司，这几家公司有一个共同点——有一个主要商品类型。麦当劳和肯德基的代表商品是薯条和炸鸡，而必胜客的毫无疑问就是比萨了。

“吃垮必胜客”行动就是必胜客的一次经典营销案例。必胜客规定，凡是在必胜客就餐的人，都可以参与一项堆沙拉的游戏。用来装沙拉的碗并不是很大，小小的一碗沙拉就要花二三十元。有趣的是，这里的沙拉是自助式的，只要你技术好，装多少沙拉都行，但是只有一次机会。后来，网上出现了一篇《吃垮必胜客》的帖子，详细介绍了堆沙拉的技巧。这篇帖子的点击量迅速上升，于是，在很短的时间内，顾客们都知道了这个活动，并且自信满满地来到必胜客，就为了堆造一座更高的“沙拉塔”。结果可以想象，随着帖子点击率的急速飙升，必胜客的顾客量迅速增长。当然，这篇文章和必胜客之间有何关系，大众恐怕也能略知一二了。

后来，必胜客还曾与中信出版社合作，向每一位到必胜客点购“恐龙复活了”儿童套餐的顾客赠送一本《科学跑出来》系列AR增强现实科普书，而书里的内容则是孩子们最感兴趣的恐龙、太空等方面的知识。这次活动同样是将饮食和游戏结合在了一起，只不过针对的主要人群由成人变成了孩子。

不得不说，这些企业在营销上可以用“得心应手”来形容，他们总是能够提出创造性的想法，利用这些想法提升销售额。必胜客十分擅长营造话题，结合时尚热点，不断更新自己的市场营销策略，做得非常成功。

热情一点，别让顾客的笑容“冷”下来

通常，如果顾客不是一个人来购物，而是和亲朋好友同行的话，他们的心里应该是比较好奇和兴奋的，尽管没有在脸上表现出来，但是内心深处早已充满了期待。因此，销售员要做的就是稳住顾客的情绪，别让顾客的笑容凝固了。只要顾客开心，成交就不是难事。

面对快乐的顾客，销售员一定要表现得非常热情。大多数人无法拒绝热情的人，这就像人们喜爱温暖湿润的气候，却讨厌寒冷干燥的气候一样。热情可以让人从心底感到温暖和愉悦，迅速拉近双方的距离，因为人天生就是群居动物，渴望获得他人的信任，也希望能有一个值得自己信任的人。

有人专门做过研究，发现一个热情的销售员能够说动顾客的概率大概是85%，一旦他表现出冷漠的表情，成交量就会大大降低。这是因为没有人愿意和面无表情的销售员打交道，当他们看到冷漠甚至忧郁的表情时，心底就会隐隐地产生一丝不安，倘若你向他们询问其中的原因，他们会告诉你：“我也不知道，就是感觉不太好。”

热情能够融化顾客心中的寒冷，他们或许有过不愉快的经历，或许身体不舒服而导致心情不好，但是当他们面对真诚而温暖的笑脸时，内心不愉快的阴影就会消散不见。如果顾客认可了你的销售态度，就会相信你的推荐，成交的意愿也会加强。

不过，热情也要讲究分寸，销售员不能过分热情。有些公司要求员工过分热情，甚至为了热情而不惜丢掉尊严，仿佛顾客真的成了上帝，那就不合适了。顾客会因此而鄙夷销售员，无形之中又增加了一道心理防线。这种情绪当然不是快乐的情绪，也无助于销售，只会平添许多麻烦。

有自豪感的顾客通常是有备而来

人们在使用产品的同时，产品也会给人们带来一定的心理感受和价值认同感。假如商品物超所值，顾客就会觉得自己很有眼光，从而产生自豪感。相反，如果买回来的东西质量很差，好好的购物体验全被毁了，顾客就会产生挫败感。

有时，仅仅是一个品牌的出现，就足以让顾客产生自豪感。苹果手机通过产品质量赢得顾客的信赖，让顾客使用之后认为“苹果手机真的好用”，并在不知不觉中产生“我用苹果我自豪”的感觉。而星巴克则是通过提升服务质量，让顾客一提到“去星巴克喝咖啡”就会产生不一样的感觉。

如何让顾客产生自豪感，这是每一位销售员都应该认真考虑的问题。

对品牌有自豪感的顾客更容易产生信任

有人对企业进行过等级分类：初级企业卖产品，中级企业卖服务，高级企业卖文化。虽然很多公司也希望打造企业文化，甚至刚刚成立的、员工数不到两位数的小公司，也沉迷其中不能自拔。老板们还要求员工们吼叫出来，再配上设计好的动作，每天操练一遍，老板们发自内心地希望，员工们能够领会自己的良苦用心。不过他们似乎忽略了一个问题：这一系列的操作，最多只能给员工留下深刻的影响，却不一定能给顾客带来良好的印象。相比之下，那些成熟的国际企业却不会做这些，而是把工作的重心放在提升用户体验上。

星巴克公司就深得其中精髓，其出售的不仅是香浓的咖啡，更是精致、完善的服务，以及无法取代的文化体验。星巴克把都市人的活动区域分为三种：家庭区域、办公区域，以及放松区域。麦当劳24小时服务，试图模仿家的氛围，每一个疲惫的过客，都可以到麦当劳里寻求短暂的歇息。而星巴克则专设放松区域，无论是音响中缓缓流出的轻柔音乐，还是精美而舒适的配套设施，都能让人享受到愉快而轻松的氛围。

和大多数企业相比，星巴克算是个例外，它很少在电视上做广告，但是销售额并没有因此而减少。

对城市里中产阶级的收入而言，星巴克的价格并不是很贵，在很多人看来，点上一杯咖啡，就能拥有良好的氛围，完全是物超所值。星巴克的咖啡比其他咖啡馆的更好吗？未必，大多数消费者其实不懂咖啡，但是他们信赖星巴克。对他们来说，喝咖啡喝的就是一种浓香味美、苦中有甜的口感，以及轻松愉快的过程。他们希望自己能够在喝咖啡时放下忧虑，而不是像喝酒时那样满面愁容。

激发顾客的自豪感，生意一定跑不了

利用品牌激发顾客的自豪感，将顾客的消费理念和公司的营销价值观融合在一起，就能创造出非凡的潜力。具有战略品牌意识的厂商，必须善于引导顾客的消费理念，必须能够明确界定企业的社会责任和社会使命。

自豪感的力量是非常客观的，它涉及的群体越庞大，所能发挥的力量也就越强大。当顾客对品牌产生自豪感时，就会无条件地信赖这个品牌的产品和服务，他们会主动寻找，甚至不需要销售员的讲解，他们就已经有了心仪的款式。对企业而言，一个让顾客产生自豪感的品牌，就是企业最好的招牌，是引导顾客选择的感性基础。

这几年，社会上掀起一股支持国货的浪潮，喊出的口号是“国货当自强”，这让华为、小米等民族品牌从中获益匪浅。这些企业在产品和服务上的不断进步，给消费者交了一份满意的答卷，因此消费者也为中国拥有这些品牌而感到自豪。

自豪感往往是金钱无法买到的，并不是说企业的钱多，就可以买到消费者的自豪感。品牌是使顾客产生自豪感的核心，但它不是固定不变的，有的时候，顾客的自豪感也会转移到其他话题上。市场经济充满了变化和不确定性，任何固化品牌策划战略的做法，都是不合适的。面对日趋激烈的市场竞争，企业必须在调整经营战略和满足顾客需求之间不断协调，不断妥协，最终达到平衡，然后通过提升品牌的价值理念，增强顾客对消费品牌的自豪感。

顾客厌恶的东西，一定不合适

有的时候，面对一件顾客讨厌的商品，即便让世界上最优秀的销售员来推销，也无法让顾客买下。如果顾客确实不喜欢，销售员就不要多费唇舌强迫他们喜欢，干脆换一款商品。

面对负需求，及时转移话题

在市场营销中，负需求指的是顾客对某个产品感到厌恶，甚至愿意出钱回避它的一种需求状况。如果将负需求的概念用在某个特定的客户身上，我们就会发现，他会对某些类型的事物感到强烈的厌恶，那些就是客户的负需求。

在日常的经营活动中，销售人员会经常发现，某些顾客极度厌恶自己售卖的某件商品，其实他们与自己素不相识，不会对自己有什么意见，他们只是不喜欢店里的商品罢了。他们会刻意回避负需求的商品，比如素食主义者不愿意吃肉，讨厌榴梿的人闻不了榴梿的味道，许多老年人为预防疾病不敢吃甜食，还有的人对吃动物内脏很反感。

作为一个直面顾客的销售人员，分析顾客讨厌产品的深层次原因是很不现实的事情，最重要的是调整顾客的情绪，不要让他们继续处于消极情绪。分析顾客为什么不喜欢这些产品，并针对目标顾客的需求重新设计产品、定价，做更积极的促销，或改变顾客对某些产品或服务的看法，诸如宣传老年人适当吃甜食可促进脑部血液循环，乘坐飞机出事的概率比开车小很多等，是市场营销人员的任务，而不是销售人员应该考虑的。

通常，要将顾客讨厌的东西卖出去，本身就不是一件容易的事，需要考验销售员的个人能力。

如果顾客已经明确表现出了对产品的厌恶，就不要一而再，再而三地将产品推荐给他了，那样只会让顾客不耐烦。赶紧换个方式，把对话的轻松氛围找回来吧。

可以让顾客厌恶产品，但绝不能让顾客讨厌你

做生意要有长远打算，欺骗顾客是歪门邪路，走不长远。销售员可以介绍产品的优点，但不能伪造优点。顾客信任你，即便他不喜欢你推荐的产品，也没有关系，换一款就是。如果顾客有过被你欺骗的经历，那么他就会对你产生深深的厌恶，不但耿耿于怀，还会将你的劣迹告诉他的亲朋好友，直接减少了你的潜在客户。

虽说销售员做的是磨嘴皮子的生意，但是作为一名从业人员，诚实无欺是其最基本的素质。如果顾客对某一件商品感到十分厌恶，例如一个喜欢穿正装的人，无法接受过于宽松的运动服，你不要嚷嚷着对他说“这件

衣服很好看”，而要心平气和地对他说“这一款主打的是××风格，您要是不喜欢的话，可以看一下其他的款式”。

在介绍产品的时候，不要将产品优点描述得过于夸张，而是要尊重基本事实。一定要实事求是，好就是好，不好就是不好，万万不能夸大其词，或只宣传好的一面。做生意赚多少钱是次要的，最重要的是不要触碰法律的底线，否则栽个大跟头就得不偿失了。

你也可以向顾客做出某些承诺，从而打消他们的疑虑。比如3年保修、7天包退、赠送礼品，或者承诺给顾客最优质的服务和优惠等。一般这种方式适合用在那些摇摆不定的顾客身上，他们的内心此刻正处于激烈的斗争中，而销售员的承诺则有可能帮助他们一锤定音。如果顾客接受了，那么恭喜你，你可能已经有了一个长期客户了！如果你没有能力兑现承诺，千万不能信口开河。

所以，从某种意义上说，销售人员向顾客推销的不是商品，而是自己。让顾客一看到你就深信不疑，就算讨厌产品，也有可能在你的影响下接受它。当你成功地把自己推销给了客户，接下来的工作就会顺利得多。

顾客愤怒的时候，听不进道理

不要尝试和处在愤怒中的顾客理论，否则只有失败这一种可能，因为顾客并不想和你讲道理，他们更想听到你的解决方案。

学会熄灭顾客的怒火，而不是煽风点火

销售员最怕遇到处在愤怒中的顾客，因为他们看上去总是那么不讲道理。有一句话是这样说的："人在愤怒的瞬间智商为0。"经验丰富的销售员明白这一点，因此他们不会任由顾客的愤怒继续下去，更不会与顾客发生正面冲突，而是逐渐熄灭顾客的怒火，让交谈的主动权再次回到自己手上。

通常，愤怒的顾客是最难处理的，在公共场合中，一位顾客哪怕语气重了点，说话声音大了点，都会引起其他顾客的注意。在其他顾客的潜意识里，这就是同类发现危险后发出的警告声。因此，愤怒是最难处理的顾客情绪，也是破坏力最强的，化解顾客的愤怒需要高超的技巧。销售人员

要用最短的时间安抚顾客，而不能与顾客发生争吵。

我们不妨设想一个场景：

小区附近新开了一家饭店，你和朋友决定晚上一起去尝尝。可是你们入座以后，却迟迟等不到服务员过来帮助点餐，你们非常生气，大声地质问："你们能拿份菜单过来吗？要我们等到什么时候？"

服务员非常抱歉地说："虽然您还需要稍等片刻，但是我们店里饭菜的口味绝对是一流的。"

请问，你会相信服务员的一句保证，继续等待下去，还是选择立即离开？

电影《天下无贼》中有一句台词，用在这里简直再合适不过了——"黎叔很生气，后果很严重"。是的，顾客很生气，后果很严重。

顾客向你发火的原因一般很简单，就是他们的需求没有得到满足，从而产生抱怨。抱怨的内容可能是商品质量太差、价格太贵，或者是服务不好。此时，销售员尽量不要让顾客继续愤怒下去，免得他们情绪失控，当顾客在店内大吵大闹时，会直接影响到其他顾客的购物体验。

有时，顾客可能气得夺门而出，他们连投诉的权利都放弃了，就是为了表明自己"再也不会来这里"的决心。不仅如此，他们还会向亲朋好友倾诉，抱怨自己在这里受到了多么不可理喻的对待，希望用这种方式打消他人的购物计划。相对于抱怨，顾客的这种做法对商场更不利，因为向商场投诉至少可以让商场有改进的机会。

危机通常也隐藏着机遇

美国汽车销售大王乔·吉拉德说过这样一句话："每个客户背后，都隐藏着49个客户。"从表面上看，顾客抱怨是经营上的危机，其实在危机下，也隐藏着机遇，就看你是否独具慧眼。如果能够处理得当，使前来投诉的顾客感受到商家的真诚，就有可能使顾客刮目相看，从而将抱怨转化为赞美。当顾客有好的购物体验时，他们也会告诉身边的亲朋好友，带来隐藏客户。

面对怒气冲冲的顾客，不妨用以下几个方法：

1. 二话不说，立刻道歉

不管顾客生气的原因是什么，销售员要先向顾客道歉，让顾客的情绪有一个发泄的出口。要注意的是，可以道歉，但是不能立即承认错误。可以用"给您带来不便，对不起""给您添麻烦了，非常抱歉"之类的话语稳住顾客，然后询问具体的原因。

2. 静下心来，做一名好的听众

顾客生气的时候，肯定有一肚子的不满，这时要让他们冷静下来，一吐为快。顾客说完以后，销售员可以再复述一遍。这样做，可以向顾客传递一个信息，"我们很重视您，请不要生气"，顾客的愤怒程度就会有所减轻。此外，还能知道顾客为什么会投诉，以及顾客的真实意图。

3. 提出解决方案，与顾客达成一致

无论顾客表现得有多么愤怒，都有解决的办法，关键是当场拿出解决方案，让顾客明白，你们是重视问题的，而且你们有能力解决问题。所以业务人员应学会切实地把握问题，并且根据问题本身，提出合理的解决方案，最后与顾客达成一致。这是非常重要的一项工作，因为在许多企业实例中，因未明确问题而费尽周折最后又回到出发点的情况并不少见。

有好奇心的顾客渴望多姿多彩的生活

拥有好奇心是人类的天性，也是人类进步的推动力。很多时候，顾客购物并非是为了满足物质需求，而仅仅是好奇心使然。在实际销售过程中，如果能够吸引顾客的注意力，巧妙地利用顾客的好奇心，用独特的服务满足顾客，就会获取源源不断的财富。

拥有强烈好奇心的顾客，不会对产品产生抗拒的心理，一旦产生好奇心，他们就会迫切地希望了解产品的特性及相关情况。事实上，他们对销售人员亲切、热情的产品介绍毫无抵抗力，如果时间允许，他们可以一直听你讲下去。

神秘的营销行为很容易勾起顾客的好奇心

现在一些故意保持神秘的品牌和产品受到了人们的喜爱和追捧。

在各大购物网站上，输入“神秘福袋”，就会出现数千条结果。其中价格最低的几元钱，价格高的几百元。它们像普通商品一样，可以正常买卖，不过这些“神秘福袋”中究竟装了什么东西，只有收到货以后才会知道。店家不会用图文并茂的方式详细介绍里面的东西，最多草草写上几个字，提醒顾客里面装的是一些样品、换季产品、滞销产品，或者是未上架的纪念品。

从常理来看，这种营销模式是有问题的，顾客无法看到福袋里的东西，又怎么会轻易下单呢？然而市场行为就是这么难以捉摸，有的顾客很享受这种充满神秘感的购物过程。一些在网上购买过“神秘福袋”的网友说：“平时经常挑选礼物，早就已经挑花眼了，也没有拆封快递时的那种惊奇感了，购买福袋的时候，自己也不知道里面究竟是什么东西，等收到快递之后，发现里面装着一件卫衣，款式挺新颖的，穿着也很合身，觉得非常惊奇。”

除了“神秘福袋”以外，市场还有很多相似的营销模式。以往营销学家们总是强调要对顾客坦诚相待，现在商家却反其道而行之，主动卖起了关子。

如果你留心一下就会发现，不少商家好像越来越多地运用起了“卖关子”这一套，就连实体店也乐此不疲。例如，有些服装店会在最显眼的位置摆放一双珍藏版的运动鞋，有些识货的顾客感到好奇，被这款鞋子吸引进店，但是老板会告诉他们，“展示用品，恕不出售”。还有一些小店会在门口挂上一块诸如“会员特价”的牌子，利用这些标语引起消费者的好奇心。非会员人士看到“会员特价”，会在“特价”二字的引诱下，耐不住好奇，非得进去看一眼不可。

越得不到的，顾客就越想要

在影视作品中，我们经常可以看到这样的剧情：男主爱上了女主，女主却不为所动，男主一次次表白，得到的却是女主一次次的拒绝。失败后的男主不仅没有气馁，反而爱得更加热烈。就在男主快要放弃的时候，女主终于答应了，还说之前是对他的“考验”。对此，女孩子们有一套自己的解释——越容易得到的，越不会珍惜。

人们在购物上同样如此，顾客前来购物，说明他们对这件商品有需求，他们在潜意识中害怕失去，害怕得不到，于是情绪反应比较激烈。等到他们将商品买回，高高兴兴地拿回家，然后将包装打开，经过仔细地观察，对产品有了更全面的了解，优点和缺点全部映入眼中，这时，潜意识告诉他们：“这件东西已经是你的了。”于是内心的需求得到了满足，没有了紧张刺激的感觉，最初的好奇感也失去了。在顾客的心里，它从一件崭新的商品，彻底变成了二手货。

焦虑的顾客往往比销售员更热情而恳切

有人说，这是一个全民焦虑的时代，生下来就要开始与别人赛跑。来自生活的压力，让人们很难开心起来。无论在哪里，都能看到焦虑的人，就连在商场购物时，不少人也眉头紧锁。然而生活还得继续，就算心中充满了焦虑的情绪，也不能弃械投降，还是得昂首阔步，砥砺前行。

这两种矛盾的心理，使得顾客心中充满焦虑，却不敢轻易爆发出来。他们害怕失去，因此情绪激动，比销售员更加热情而恳切。

在等待的过程中，顾客最容易感到焦虑

随着我国综合国力的提升，人们乘坐飞机出行已经越来越普遍。坐飞机出行带来便利的同时，却也时常因候机时间太长、安检不人性化、超高的误机率等，给旅客带来了巨大的烦恼。网络上甚至为此专门取了一个名字——候机焦虑。

相对于高铁和动车，飞机的速度更快，但是在准点率上远远不及前

者。趋向常态化的航班延误，让国内机场弥漫着浓烈的“候机焦虑”。延误成为常态，准点反而是幸运，快要成为旅客们的共识了。2017年我国航班正点率为71.67%，中国民航局发布的数据客观地反映了航班延误问题的严重。航班的延误催生了候机焦虑，而焦虑情绪的积压和发酵，又导致“候机楼暴力”频繁上演，让人们的神经更加紧张。

旅客们受够了航空公司的一再推脱，他们不希望听见“机场不让飞，我们也没办法”或者是“当前起飞架次饱和”等推卸责任的话，却更愿意接受一些看得见的行动和改变：比如以更快的速度通知旅客，而不是不通知，让他们一头雾水；比如明确航班延误的责任划分和延误赔偿的标准，免得让旅客担忧自己的权益无法得到保障；比如服务可以更周到一些，不要让旅客困坐数小时……这些都有利于缓解旅客的焦虑情绪，避免“候机暴力”的频繁出现，哪怕这些行动并不能让航班提前起飞。

跟这些焦虑的旅客一样，顾客的情绪也会相互影响，当数量众多的顾客聚集在一起时，焦虑情绪很容易在他们之间传递。犹如将一颗石子丢入池塘，泛起层层涟漪，然而涟漪并未止息，却变成滔天巨浪。因此必须给顾客的焦虑情绪留下一条出路，否则焦虑情绪越聚越多，将会具有极大的破坏性。

无能为力，是产生焦虑的主要源头

在漫长的等待过程中，顾客最容易产生焦虑，他们充满恐惧，却什么也做不了。

此时的顾客最需要得到有效的安抚，如果负责提供服务的企业什么也没有做，就会让顾客感觉自己已经被遗忘了，不知道还要等待多久。人们对未知的东西，最容易产生焦虑，当顾客不知道要等待多久时，焦虑就会更严重。富有经验的企业不会坐等顾客情绪爆发，而是会主动做些什么，例如为等待的客人提供休息场所，或者提供一些饮料和水果，甚至承诺打折、经济赔偿等，这些都是在告诉顾客："您没有被遗忘，非常感谢您的光顾，我们为服务不周而感到抱歉。"如此一来，顾客就会感到自己是被重视的，焦虑情绪也就减少了。

有的顾客耐心比较差，看到长长的队伍时，就会感到内心无比焦灼，此时他们绝对不愿意老老实实地消耗时间和其他人一起排队，而是会选择插队。当有人插队的时候，原本焦虑的队伍就会更加混乱，顾客也会更加不满。因此，应尽力避免先到达先服务的排队规则被破坏。要应对这种情况，最简单的方法就是领号，每个号对应一个人，许多银行和医院就是这么做的。这样，管理者可以减轻顾客对可能被不公平对待的担心，而且新到达的顾客可以估计自己需要等多久。

一句安慰，就能化解顾客心中的沮丧

销售员希望顾客开开心心地来商场购物，再开开心心地回家，但是人总有沮丧的时候。当顾客满面愁容地来到店里，对什么都提不起兴趣时，自然就不会产生购买的欲望。

有经验的销售员知道，此类顾客需要的不是光鲜亮丽的物质产品，而是精神上的抚慰。一句适宜的话，或许就能帮助他们走出沮丧。

面部识别系统，识别顾客的负面情绪

2017年7月，一些国外媒体报道，沃尔玛正在开发一项面部识别技术，这项技术可以自动观察顾客的面部表情和行动，以此推测他们是否对在超市购物有不满意的地方。在这项技术的帮助下，店员可以轻松发现那些不开心的顾客，帮助顾客解决问题，更好地提升用户的购物体验，从而提升销售业绩。

沃尔玛之所以要开发这项技术，原因在于顾客不开心的时候很少会对

销售员说出来，因为向一个不认识的人倾诉心中的不快，会让人感觉怪怪的，等到他们情绪爆发的时候，又会显得太晚了。

消费者不愿向销售员倾诉心中的不快？没关系，我们主动寻找有失落情绪的消费者。沃尔玛正在开发的这项技术，就能很好地解决这个问题。销售员收到技术反馈以后，就可以针对此类顾客做出相应的策略，比如说几句关心的话，或者问顾客觉得哪些地方不好，在不知不觉中调整顾客的情绪。

不过，这项技术听起来很美好，操作起来却并不简单。首先，要找出有不满情绪的顾客不是一件容易的事，需要在科技方面不断进行调试，毕竟每个人的相貌都是不同的。其次，即便能够利用技术轻松辨别顾客是否处于消极情绪，也不代表问题已经得到了解决，技术不能分析出顾客为什么会产生这种情绪，这些要依靠服务人员的经验。最后，服务人员还要像心理咨询师一样，熟练掌握安抚顾客情绪的方法，这个活需要技巧，很难标准化，如果店员素质参差不齐，就不能形成标准化的应用。

打好情感牌，长期顾客就在其中

情绪沮丧的人看似没有感情，其实他们最渴望得到关怀，陌生人的一句安慰就能让他们走出阴影，变得坚强起来。让顾客感动不一定要做出什么惊天动地的事，有时你的一个小小的举动，就能让顾客感受到温暖。当顾客情绪低落地来到店里时，不妨简单地说几句关心的话：“今天气色很不错哦！”“记得多微笑哦，生活没有那么好，也没有那么糟。”

美国推销大王乔·吉拉德说过：“只有当你发自内心地关爱顾客时，顾客才会真心待你，爱上你推销的产品。”无论社会发展到什么地步，人类对情感的需求都无法改变，利用情感进行营销是销售的最高境界。顾客不仅是来购物的，还希望能够从中获得情感上的抚慰，他们渴望被感动。擅长打情感牌的企业，总能赢得顾客的喜爱。在顾客心中，充满人情味的卖场不是冷冰冰的购物场所，而更像家的另一种形式，在那里他们可以遇到很多相似的人，大家聚在一起，共同享受产品带来的欢乐。

破除恐惧心理的关键词是“安全”

顾客前来购物，就是一个寻宝的过程。在他们眼里，商场就像一片神秘的丛林，里面隐藏着各种各样的宝藏，等待他们前去发掘，但是也潜伏着各种危险，一不留神就会吃亏。销售员显然是神秘丛林的一部分，顾客的潜意识告诉他们：要小心销售员的甜言蜜语，不要上当受骗。可以说，从进门的那一刻起，顾客就没打算相信你。

顾客热衷于砍价，是因为他们害怕上当受骗

有些行业的顾客最喜欢砍价，几乎到了不给折扣就生气的地步，这些行业有一个共同的特点：很难量化标准。就拿租房来说，房屋的面积、位置、朝向、装修等都会对租金产生影响，然而租户不可能将该地区的所有出租房屋全部调查一遍，最后对比数据，规定哪间房子多少租金，只能根据自己的租房经验，以及该地区的平均标准做出判断。

顾客们很清楚，销售员是靠业绩生活的，因此他们对销售员存有一

种戒备的心理。他们害怕销售员会故意夸大商品的性能，甚至散播虚假的商品信息，而新闻中屡屡出现的宰客行为，也让他们心惊胆战。于是，顾客在与销售员交谈的过程中，一方面会十分留意销售员所说的话，防止被骗，另一方面又会将那些感觉上像是十分夸张的措辞故意忽略掉，有时甚至抱着逆反的心理与销售员进行争辩。

有趣的是，当消费者们在地摊上买便宜的东西时，他们必定会讨价还价，但是等他们走进大商场和大超市里时，面对那些贵上几倍甚至几十倍的东西，他们付款时眼睛都不眨一下。为什么会有这么奇怪的对比呢？难道是因为顾客感觉路边摊的摊主势单力薄，所以一定要从他们身上占便宜，而大商场的老板富可敌国，没有人敢跟他讨价还价吗？其实，顾客们并不是这么想的。

在路边摊买东西的时候，顾客会觉得："这些摊位连个店面都没有，更别说经营牌照了，万一他卖的是假货，我岂不是很吃亏？因此，我必须要砍价，一定要把价格降得足够低。"服装的价格水分很大，顾客一般会觉得："如果没有'砍'掉标价的2/3，就不算砍价。"

打消顾客的疑虑，他们就会变成最忠实的客户

顾客心中有疑虑，害怕上当受骗，这些都是很正常的。如果不能破除顾客害怕被宰的恐惧心理，交易就很难成功。作为一名销售员，你一定要有耐心，不要急于求成。有时候，你越想证明自己，顾客反而越担心。所以，你要向他提供一些"硬实力"上的证明。有经验的经销商们明白这个道理，所以他们耗费巨资，建造全国经营连锁店，又花钱请明星代言，并

且尽力完善售后服务。所有这些动作，都是做给消费者看的，为的就是向消费者表示：“我们是专业、可靠的。”进了他们的专卖店，消费者从心底感到，这次消费活动是有保障的。

顾客的恐惧心理会给销售工作带来困难，却也能带来机会。害怕被骗，恰恰说明顾客真心想买，如果能够打消他们的顾虑，他们就会信心满满地按下支付键。通常，他们一边犹豫不决，一边又轻轻试探，看看价格是否能更优惠一点。要重点告诉顾客，买到这件产品，就能获得实实在在的好处，以此减轻他们的顾虑。

还有的顾客对产品的质量不放心，害怕买来的产品性价比太低。此时，销售员不妨坦诚一点，将产品的优点和缺点告知顾客，并且和同类型的其他产品做一个比较，这比顾客自己发现要好得多。慢慢地，顾客就会对销售员产生信任，觉得在这里购物不会落入陷阱。再次前来购物时，他的疑虑就会减少许多。

第一次买卖成交以后，不要忘记后续的联系和服务。平时有了优惠活动，要提前通知顾客，让顾客感到自己的利益得到了保障，而不是被骗了。

第三章
顾客情绪多变，但也有章可循

顾客的情绪就像多变的天气，时而晴空万里，时而细雨霏霏，时而电闪雷鸣……其实，人的情绪变化是有规律的，只要弄懂其中的道理，就能理解顾客为什么会有种种不理智的举动，销量的提升也就是水到渠成的事了。

破窗效应：糟糕的环境下，顾客更容易生气

一栋新房子，里里外外装修得非常豪华，墙壁粉刷得雪白平整，窗户干净明亮，客人往来如梭。有一天，二楼的一扇窗户破了，给这栋房子留下了一个不太相衬的污点。不过主人没有去管它，他最近太忙了，准备以后再修葺。谁知道没过几天，二楼的窗户又破了一扇，同时屋子的外墙上出现了一些斑斑点点的污迹。主人仍然没有将这件事放在心上，因为他要出差一个月。等到他回来的时候，他突然发现，以前那个崭新的房子已经变得面目全非了：楼上的玻璃窗户全被打破，门口的小树东倒西歪，墙壁上画满了乱七八糟的东西，花园里则丢了一地的垃圾……

一个糟糕的环境，会诱使人们做出破坏性的行为。在心理学上，这种现象就叫作“破窗效应”。

混乱无序之下，人们容易做出不理智的事情

斯坦福大学心理学家菲利普·津巴多认为：犯罪是秩序混乱的必然

结果。

20世纪80年代，纽约的治安环境非常不好，暴力犯罪时常发生，就算白天行走于闹市之中，也要担心突然而来的袭击。地铁里的环境也很差，车厢内脏乱不堪，写满了污言秽语。在很多人看来，纽约简直是一派末世情景，犹如《蝙蝠侠》中经济发达却治安混乱的哥谭市，在浮华的表面下，处处隐藏着污垢。

1994年，布拉顿临危受命，担任纽约市警察局局长，负责处理纽约市的治安问题。布拉顿上任之后，一改先前重点打击的策略，而是从一些细节入手。他告诉警员们：治理城市要从惩罚轻度犯罪者入手，例如在地铁站逃票的小市民，在大街上乱涂乱画的行为艺术家，以及那些拦住车辆，强行要求为司机擦窗的人。人们很不理解，认为这种做法就像“在船沉没时洗甲板”一样愚蠢，但是布拉顿坚持己见，从维护地铁车厢的整洁和秩序着手，将逃票的人用手铐铐住，使其在月台上排成一列，以此向民众宣示政府整顿的决心。此后，纽约市的犯罪率神奇地急速下降。治理那些影响生活质量的细微违法行为，看起来不起眼，却带动了整体暴力犯罪率的下降。

就这样，纽约市从基本的细节做起，先解决最容易的事情，逐步处理一个个犯罪事件，使这个恶性循环无法继续下去。

防微杜渐，不要主动给顾客心里添堵

面对一个糟糕的环境，人们的心情会在不知不觉中受到影响，从而变

得狂躁。在商场内，顾客的情绪变化同样遵循这样的道理。在灯光昏暗、垃圾遍地的菜市场里，人们会不由自主地抬高说话的声音，而在装修豪华、干净整洁的大商场内，人们又会主动避免大声喊叫。

破窗效应对顾客情绪的影响，通常可以划分为五个阶段：

1. 初始阶段

店内出现一些微小的错误，例如产品摆放歪了、地板脏了、垃圾没清理等，由于影响很小，顾客一般不会在意。

2. 酝酿阶段

商场销售及管理人员没有及时改正，认为此问题不在管理范围内。顾客于是产生“这家店细节做得不好”的印象。

3. 发酵阶段

商店的管理持续混乱，一直得不到纠正。顾客开始放松下来，偶尔丢垃圾、随意乱扔产品。

4. 爆发阶段

面对混乱的环境，顾客的心情变得复杂，一旦出现服务不周、价格谈不拢等情况，顾客的情绪便会爆发，满意度开始下降。店长和销售员此时才意识到事态的严重性。

5. 弥补阶段

店长和销售员开始行动，弥补之前犯下的错误，企图让顾客平息怒火，回心转意。

将一颗石子丢入池塘，水面泛起层层的涟漪，它所波及的范围，比石头本身大无数倍。一个小小的失误出现以后，也正如将石子丢入池塘一般，产生巨大的影响。

不要轻视细节，一个小小的火苗，如果没有扑灭，就有可能使一栋大楼被烧毁；一个小小的缺口，如果没有及时修补，就有可能使一座大坝被冲垮；一个小小的细节，如果没有及时改正，你就有可能失去顾客的支持。如果商店的经营人员都不在意环境，那么顾客也会用同样的心态去对待它。

VIP效应：顾客确实觉得自己是“上帝”

前些年，我们向日本、欧美国家学习企业管理经验，经常听到的一句话就是“顾客是上帝”。那时大家的管理水平都不高，服务意识也没有现在这么好。人们相信，坚持“顾客是上帝”的服务理念，就能把企业做大做强。

经过多年以来的共同努力，人们逐渐发现，顾客确实把自己当成“上帝”了。顾客很清楚，离开消费者的支持，企业就会成为无本之木，无源之水。

服务人员容易成为顾客情绪的发泄口

2016年10月，在杭州萧山国际机场，发生了一起暴力伤人事件。事件的起因是一名女乘客所带行李尺寸超标，按照民航的登机规定，超过20寸的行李都不能随身携带登机，而这名女士的行李是一个28寸的大箱子。机场的女安检员提醒该乘客办理托运。这原本是一个非常合理的要求，谁也没有想到，女乘客二话不说，对着安检员的脸就狠狠地扇了一巴掌。经过检查，安检员被诊断为神经性耳聋。事后，女乘客对在安检口的打人事实供认不讳，被处以7天拘留和200元的罚款。

安检员说，她只是对这名乘客说了一句："您的行李超标了，请您去办理托运。"随后她便遭到了殴打。人们很不理解，这名女乘客为何要下这么重的手。

然而这件事并不是个例，我们每年都能看到类似的新闻，面对服务人员的小错误，甚至是合理的要求，顾客们瞬间情绪爆发，对着服务人员破口大骂，甚至动手打人。我们不由得思考，服务人员为何频频成为负面情绪的发泄口？

其实，这些人在生活中不一定是脾气不好的人，可能非常温柔，更不可能二话不说就动手。然而在面对服务人员时，他们听过无数遍的声音响起了："顾客是上帝。"在潜意识里，他们认为自己就是上帝，他们的需求是神圣不可侵犯的，任何不周到的服务，都是对神圣权利的挑战，因此他们必须将情绪发泄出来，以彰显自身的权利。

建立平等的客户关系，把顾客当朋友

虽然说企业要为顾客服务，满足顾客的需求，但是不顾实际情况，一味地强调"顾客是上帝"，也会产生负面效应，这对企业而言可不是个好消息。所以不能无止境地向顾客妥协、屈服，而要让他们知道，销售员也是人，也要生活，也有尊严。人与人之间的关系应该回归到最简单的状

态，也就是平等的关系。

企业和销售员也要明白，顾客不是上帝，顾客就是顾客。如果仍然把顾客当作上帝，一切都向顾客妥协，就难免偏离经营的轨道，往往会误入歧途。顾客就是普普通通的人，他们有人类的梦想、人类的渴望，以及人类的恐惧，抓住这些看不见的因素，就是经营活动的根本原则。

其实，企业在变，消费者也在变，高高在上的心理地位不会让他们更好受，因为他们明白，这只是企业做出的宣传而已。当他们以高贵者的姿态走入商场时，却发现自己对产品并不了解，他们也害怕遭到不公正的待遇。相对于虚假的上帝身份，他们更渴望得到真诚的服务，他们希望能够和企业像朋友一样相处。

现在，很多企业已经想通了这一点，他们开创了许多崭新的营销模式。例如小米的社群营销，就是向顾客提供交流的渠道，包括顾客和小米的交流渠道，以及顾客和顾客的交流渠道。在论坛里，所有的顾客都可以各抒己见，而他们的意见和看法也会得到小米的聆听和重视。他们之间更像身份平等的朋友，而不是主仆关系。

逆反效应：不满意的顾客会和你对着干

有时，顾客对着一款产品侃侃而谈，从头到尾地详细分析，表现得就像一位产品设计师一样专业。此时，如果你轻飘飘地说："不对！你根本就不懂。"然后把顾客刚才所说的话一句句挑出来，逐字逐句地点评。顾客此时会有怎样的情绪反应？他还会耐心地听你说话吗？恐怕不会。

人都有情绪，没有人在受到批评的时候还能保持愉悦，也没有人愿意接触那些自己讨厌的事物。当顾客心中充满不满的时候，从你口中说出来的每一个字，他们都不会相信。

硬性规定，往往带来强硬的拒绝

有时，为了保障营收，店家会做出一些硬性规定，比如顾客进店不可自带酒水和饮料、最低消费××元、最长停留时间××小时等。然而，顾客在面对这些规定时，往往感到不满，在他们看来，这完全是霸王条款。他们无法改变条例，只有改变自己的选择——不来还不行吗？可见，硬性规定看似保障了消费底线，实则将很多顾客拒之门外。

2018年2月24日，《成都商报》上刊载了一则标题为“餐厅喝酒规定，别损害顾客权益”的新闻。新闻中说，成都一位舒女士为了招待朋友，特地请朋友在宽窄巷子的一家餐厅内吃饭，却因为店家的硬性规定引起了不愉快。原来，该餐厅规定，前来就餐的顾客只能喝红酒或香槟，不能喝白酒。这条规定让很多顾客感到疑惑：明明是一家中餐厅，为什么只能喝红酒或香槟却不能喝白酒？

面对顾客的质疑，店家的解释是“喝白酒的氛围与本店清雅安静的格调定位不符”。店家认为，禁止顾客喝白酒完全属于自主经营行为，并没有侵犯消费者的合法权益，况且给出的理由也很“充分”：喝白酒容易醉，醉了就会吵闹，容易影响其他顾客！只是店家显然低估了顾客的勇气和智慧，他们或许认为顾客在听到这条规定以后，就会乖乖地遵循规定，只喝红酒或香槟了。然而顾客心里不会这么想，他们只会觉得自己订位子的时候并没有收到此类通知，等到入座以后才突然被告知，因此心里完全不能接受。中餐厅有义务保障顾客的知情权和选择权，像这样的特殊要求，就应该事先告知顾客，而不是等其入座之后才说。而知情人更是指出，店家之所以不售白酒，只售红酒，完全是因为红酒的价格透明度不高，利润空间更大而已。

人都有一种习惯，那就是对那些来自外界的强迫行为，会本能地产生抗拒心理，而这种心理会促使人们做出相反的选择。有时，销售人员并没有强迫顾客，但是顾客依然会有压迫感，从而产生逆反情绪。例如，简单、重复的说教性语言，不仅会削弱营销的趣味性，还会让顾客认为商家根本不在乎他们的想法，妄图通过简单、粗暴的宣传达到洗脑的效果。心理学上说，当信号刺激达到一定的程度，超出人能够承受的范围时，就会使人处于自我抑制状态，从而产生逆反心理。

避免正面对抗，从另一个角度解决问题

不要妄图用短短的几句话就颠覆顾客的思维模式，那是他们在几十年的生活中逐渐形成的，几句话能起到的作用可以说是微乎其微。他们丝毫不在乎你想说什么，他们只在乎你会不会妥协。所以，在面对这种情形时，要避免发生正面冲突，不妨试着从另一个角度解决问题，让顾客认为你在主动向他们妥协。

例如，许多饭店规定顾客不许自带酒水，因为酒水的利润非常丰厚，他们利用这一条规定，提高了酒水的价格。但是顾客进入饭店以后，并不会像原来那样开怀畅饮，因为他们的潜意识一直在脑海中提醒着："酒水很贵，别喝太多。"到头来，前来消费酒水的顾客越来越少，销售额不增反降。

如果能够换个思路，吸引顾客消费，而不是强制顾客消费，也许就会出现意想不到的效果。饭店原来禁止顾客自带酒水，现在则不妨在门口贴上一张纸条：本店可以自带酒水。其实允许自带酒水的饭店有很多，但是将这条规定写在醒目的位置，却可以激发顾客的兴趣。还有一些店家甚至允许顾客自带食物，而店家可以帮助顾客烹制食物，顾客只需要付出相应的材料费和人工费即可。

当然，可以采取的方法不止这一种，任何时候都要结合实际情况。顾客产生逆反情绪的原因有很多，商家必须对自身情况进行透彻的分析，专门设计一个策略，才有可能长久地激发顾客的兴趣。

钟摆效应：顾客的心情就像过山车

顾客是喜怒无常的，他们有时兴高采烈地前来购物，有时却又愁眉苦脸地走进店里，销售员永远也不知道他们到底在想些什么。其实，顾客的情绪变化是有规律的，就像过山车一样，到了最高点以后，一定会向最低点前进。

如果能够掌握这条规律，就能在面对顾客的时候摸清他们的心理，从而避免自己成为顾客发泄情绪的对象。

月有盈亏，顾客的情绪也有周期性变化

钟摆效应是心理学上的一个词语，用来描述人的情绪变化。人的情绪就像摆钟一样，在高兴与悲伤、希望与失望之间来回摆动。我们的心情会从“沸点”降到“零点”，现在越快乐，遇到打击的时候，就可能越悲伤。生活中那些“笑点”很低，很容易哈哈大笑的人，往往也很爱哭，一点小事就能让他们泪流不止。相比之下，一个心如止水的人，情绪变化就

不会那么明显。

钟摆效应也体现在顾客身上。

我有一个朋友，她曾经在一家品牌店里买了一件很好看的衣服，回去之后才发现质量太差了，于是情绪瞬间跌落到冰点。经历这次事件之后，她对这家店非常不满，并且下定决心不再光临。可是，不久之后的某一天，她又去了。我问她："你不是发誓再也不去了吗？怎么又改主意了？"她说："我当时确实非常生气，但是后来我发现其他店铺也有这样的情况，我就没有那么生气了。再次去的时候，我又买了一条长裙，质量很好，价格也很公道，我就想这家店也没有那么差嘛！"

周一到周日，上班族的情绪经历了一个循环

根据钟摆效应，我得出了一个结论：当一个人有了固定的生活节奏时，他的情绪变化就会呈现比较固定的表现。例如，上班族的生活一般很有规律，如果是朝九晚六，或者朝九晚五，并且没有加班的话，那么他们的情绪变化就会比较有规律，通常周一情绪低迷，注意力不集中，而周五情绪亢奋，注意力集中。如果平时上班时间很不稳定，比如经常加班的话，情绪变化也会没有规律。

周一是一周的开始，情绪也会开始转换。人在周一总感觉比平时疲倦，情绪也比较低迷，这是因为人体的生物钟还没有从周末调节过来。伴随着疲倦、头晕、周身酸痛、注意力不集中，周一前来购物的人往往情绪不是很好，显得无精打采，成交量也比较少。

度过周一以后，人们在周二迎来了“新生”，生理和心理状态都已经调整过来了。此时人们进入忙碌的状态，工作量将达到峰值，压力也随之而来。顾客逐渐从低迷中走出来，进入一种积极向上的状态。

接下来的周三、周四和周五，是上班族持续忙碌的日子，而情绪也持续高涨，到周五到达顶峰。人们在周五进入兴奋状态，做好了迎接周末的准备。当上班族们走出公司，进入商场的时候，他们的脸上洋溢着幸福的笑容，时刻摩拳擦掌，准备大买一场。我们中国人把促销集中在“双11”，而美国人的购物节则是“黑色星期五”，在感恩节的第二天。

周六、周日是休息日，到了这两天的时候，人们会主动提醒自己“该放松放松了”，因此他们的情绪比较平和。在商场购物的时候，他们既不会像周一那样消沉，也不会像周五那样兴奋，因为他们有充足的时间，这时他们是真真正正的顾客，他们会仔细地比较，经过理性的思考，最终决定是否购买。所以，周末是商场生意最好的时候，同时也是最考验销售员能力的时候。

巴纳姆效应：顾客对想听的话没有抵抗力

19世纪，美国出现了一位名叫巴纳姆的艺人，他被当时的人们称为世上最伟大的艺人。他制作的节目总能让人大开眼界，观众们被逗得前仰后合，大笑不已。当记者询问他成功的秘籍时，他说："我的节目之所以受欢迎，是因为其中包含了每个人都喜欢的成分。"

1948年，心理学家伯特伦·福勒做了大量的试验，发现了一个规律：每个人都会很容易相信一个笼统的、一般性的人格描述特别适合他。即使这种描述十分空洞，他仍然认为其反映了自己的人格面貌，哪怕自己根本不是这种人。后来，人们把这条定律称为巴纳姆效应，也叫福勒效应、星相效应。

这两件事看上去毫无关联，其实都清晰地指向同一个规律：人们愿意给自己"贴标签"。

说什么不重要，重要的是顾客在想什么

当一个顾客来到商店时，他肯定会对销售员充满防备。销售员的任

务是挣最多的钱，而顾客的目标则是尽量少花钱。要想消除二者之间的对立，不妨试着说顾客想听的话，看看是否能够获得顾客的认同。

哈里·温斯顿是珠宝界鼎鼎有名的珠宝大王，同时也是一位能说会道的天才商人。

有一次，温斯顿听说一位荷兰商人想要买上等的钻石，于是便打电话给这位富豪，邀请他来纽约，推荐一些上等钻石给他。富豪来了以后，温斯顿请了一名钻石专家向富豪介绍钻石。

钻石专家不敢怠慢，详细地讲述了钻石的特点，从质地到切割工艺，无一不是世界顶级的水准。然而富豪只是面无表情地点了点头，完全没有显示出购买的欲望。

温斯顿见状，微微倾身，说："这是我最喜爱的钻石，在阳光下，它是那么璀璨夺目，就像天使的脸庞般散发着柔和的光辉，仿佛天堂就住在里面。"

富豪听了这番话之后，惊奇地拿起钻石，放在阳光下细细观看，对它爱不释手。于是，一颗价值数百万美元的钻石，就这样卖出去了。

富豪走后，珠宝专家问："为什么我费尽唇舌，也没有打动客人，而您只是说了几句话，就让他改变了主意？您的话语莫非有什么魔力？"

温斯顿哈哈大笑，他说："我不懂什么魔力，我只是说出了客户想听的话罢了。"

事实上，销售就是这样神奇，经验老到的销售员能够看出顾客的心思，轻而易举地打动客户。如果不懂这个道理，只知道不停地重复产品的信息，就无法打开客户的心门，说得再多也是白费口舌，浪费时间和精力。

一般性的描述，容易让人产生代入感

巴纳姆效应在生活中的运用很广，几乎每个人都曾受到它的影响。星座典型地体现了巴纳姆效应，有的人对星座深信不疑，甚至用星座方面的知识指导自己做人生的重大决定。

我们知道，星座是按照出生日期划分的，如果星座方面的知识都是正确的，那么同一星座的人，性格必然相同。这显然是不可能的，要知道，就算是同年同月同日生的孪生兄弟，性格也不可能完全一样，更别说是相隔万里，互不相识的陌生人了。

那么，星座是如何使人深信不疑的呢？

其实很简单，就是巴纳姆效应在作怪。在网上，白羊座的性格特征被描述为："冲动、爱冒险、慷慨、天不怕地不怕，而且一旦下定决心，就不到黄河心不死，排除万难都要达到目的。"处女座的性格特征则是"坚持完美主义，处女座的男性有毅力，能坚持，处女座的女性求知欲很强"。这些概念性的描述，"冲动""能坚持""求知欲强"等，并不是哪一个人专属的特质。如果不知道巴纳姆效应的存在，缺乏辩证思考的能力，就会认为这些描述准确至极。

话说回来，巴纳姆效应也可以用在销售中。销售员要仔细地观察顾客，看看他们是哪种类型的人。是西装革履的商人，还是衣着朴素的学生，抑或是衣衫褴褛的工人？由于生活环境不同，他们的思维方式也不一样，抓住他们内心的想法，让顾客对销售员所说的话产生认同感，那么顾客的抵触情绪自然就消除了。

干扰效应：不经意的打扰会让人失去兴致

这是一个一切都从消费者出发的年代，消费者决定了商业活动，厂家则利用调查和大数据发现销售规律，引导顾客的消费方向。

人们在消费的时候不仅要看买回来的东西值不值，还要看消费环境。一些不经意间的干扰，会转移顾客的注意力，当他们将目光再次移到产品上时，内心的兴趣已经没有那么浓厚了。

受到干扰的顾客为什么不买

消费行为学家帕科·昂德希尔讲过一个故事：他们用闭路电视观察超市入口处的一个货架，上面整整齐齐地摆了许多领带。当顾客来到货架面前挑选领带的时候，难免会被拥挤的人群碰到，被碰到一次两次的时候，有些顾客还会继续购物，但是被碰到多次之后，很少会有顾客继续挑选领带。这种现象不仅发生在男人身上，还发生在女人身上。他把这种现象称为“干扰效应”。

后来，帕科·昂德希尔将这个发现告诉了超市经理，经理立即让人把货架移走，放在了宽敞的地方，确保顾客在挑选领带的时候，不会被周围的人打扰。事实证明，这个微小的改动产生了巨大的效果，还是同样的货架，还是同样的领带，只是移动了一下位置，销量就迅速增长了。

作者这样说："我们并不讨厌人群，很多人在一起可以令人愉悦……但是当我们被碰撞，而且不希望很多人在场时，'干扰效应'就会影响我们愉快的时光。"

一个小小的细节，就能对销量产生如此巨大的影响。销售是门学问，里面有太多的奥秘等待我们去发现。

过度热情的服务，带来过度的压力

看到这里以后，我突然心血来潮，也做了一个实验，不过我做了一点小小的改动。在帕科·昂德希尔的实验中，他们观察了顾客被人群打扰时的反应，而这一次，我让销售人员主动打扰顾客，并且暗中观察顾客的情绪反应。

我先找到了一位开餐馆的朋友，把我的构想告诉了他，他对此非常感兴趣，充满热情地加入实验。尽管餐厅里原本就有监控，但我们还是临时购买了两个高清版的摄像头，并且调试了餐馆的灯光，为的就是能够清楚地观察整个过程，不要漏掉任何一个细节。

有四位顾客来到店里，两男两女，看上去是两对年轻的情侣。其中一位男士蓄着胡须，30岁左右，应该是年龄最大的一位。漂亮的女服务员小秦和小沈领着他们来到了我们事先布置好的座位上，然后开始了热情的服务。她们熟练地铺餐巾，摆碗碟、酒杯，然后一一倒上茶水，并将湿巾亲自递到每一个人手上。此时，一切还算正常，四位顾客没有什么表现，只是平静地接过了湿巾。

点完餐以后，两位服务员仍然站在餐桌一旁，随时等候吩咐。这时两位女顾客看上去有点疑惑，她们看了看这两个站得笔直的小姑娘，觉得服务员有点奇怪。与服务员对视一眼后，其中一名女顾客说话了："谢谢，我们自己来就可以了。"但是两位服务员齐声说："为您服务是我们的荣幸。"四位顾客你看看我，我看看你，都露出了不好意思的笑容。

上完菜以后，小秦和小沈露出热情的微笑，一刻也不闲着。每上一道菜，都要报一下菜名，并且向顾客说明菜肴的特色和做法。接着又替顾客倒酒、夹菜、添饭。这时，几位顾客变得越来越拘谨了，脸上的笑容也逐渐消失了。事情的高潮被小秦"点燃"，其中一位女顾客吃鱼时被汤汁弄脏了胳膊，还未等她拿纸巾，小秦早已拿起湿巾，帮她擦胳膊了。受到惊吓的女顾客差点跳了起来，终于忍不住了，生气地说："我自己会吃饭，不用你来帮忙，麻烦你们两个出去行不行？本想吃个饭，聊聊天，全被你俩给搅和了。"

小秦并不是唯一遭到客人厌恶的服务人员，很多销售员也经常犯这个错误。他们认为保持热情、忙前忙后，就能让顾客满意，但是顾客并不领情，反而流露出厌烦的情绪。因为在顾客看来，销售员已经做得足够多了，他需要拥有自己的空间，不需要再被打扰。

多看效应：看的次数多了，顾客就会爱上产品

手机用得久了，难免会产生厌倦，想要换最新款的；衣服穿得久了，便会失去当初的感觉……这正应了一句老话：人都是喜新厌旧的。

不过，广告界的从业人员们可不这么看，他们掌握着一条相反的原则——看的次数越多，爱上的可能性就越大，这就是所谓的日久生情。

青春期的男孩子懂得这个道理，于是他们向心仪的女孩子展开了热烈的追求，今天请她吃个饭，明天请她看个电影。在交往的过程中，女孩子对男孩子逐渐熟悉，逐渐产生好感。

企业家们也懂得这个道理，他们花费重金，聘请专业的设计公司和设计人员，设计一整套的产品信息，然后在电视、报纸、网站上投放广告，目的就是让观众时时刻刻都能看到他们的产品，以及产品上印刻的品牌。当观众们能够将朗朗上口的广告词背下来的时候，企业就多了大量潜在的客户。

当然，要形成多看效应，前提是产品自身条件过硬，不能有明显的缺

点，否则只会帮倒忙，多看效应反而起了副作用。

时常与客户见面，混个脸熟再说

推销大王乔·吉拉德曾说："其实做推销很简单，就是不断地拜访，拜访，再拜访。"日本推销之神原一平也说："要想把潜在客户变成真正的客户，就要打消顾客的顾虑，而经常拜访客户，和客户保持联系，是最好的方法。"

在许多领域，企业不能总是等着顾客光临，在平时就要主动出击，亲自拜访顾客。主动拜访顾客，可以极大地提升产品的销量。因为人都有惰性，不到万不得已，不会想着改变，也就是患有我们常说的"拖延症"。主动出击，不断地和客户见面，可以使销售员与客户的关系日益密切，推销的业绩也飞速提升。只要细心观察，我们就会发现，那些大品牌和大企业家们都将多看效应发挥得淋漓尽致。他们善于制造噱头，善于制造和顾客接触的机会，做客电视节目、发表个人意见、出版个人图书等，都是为了提高顾客对自己的熟悉度，然后产生更强的吸引力。

可见，若想提高销售业绩，就要学会利用多看效应，提高自己的知名度。为此，你要尽量做到下面几点：

1. 知己知彼，掌握消费者的想法

过去，在面对某个具体的顾客时，销售员往往要不辞辛劳地主动接触顾客，询问顾客的个人信息，比如对方做什么行业，喜欢什么样的产品。为了促成一份订单，销售员往往费尽心力。在网络十分发达的今天，分析市场行情对于销售员来说变得容易了许多。平时上网的时候，关心一下本行业的销售榜单、广告投放情况，以及消费者的口碑和评价，此外还有大数据评估信息，这些都能帮助销售员了解当前的消费观念和消费方向。

2. 学会“蹭热度”，制造与顾客的“偶遇”

现在的网络太发达了，学会利用这些资源，可以拉近与顾客之间的距离。遇到合适的话题时，可以站出来展示一下自己的才能，让更多人对你有印象。日积月累，你学会了必备的专业技能，积累了一定的人脉资源，又有了一定的大众口碑，于是就变成了行业内的“专业人士”。

过去人们总说“酒香不怕巷子深”，但是现在已经不是那个信息闭塞的年代了，继续坚持这种信念，只会把美酒埋没。作为新时代的销售员，你必须学会推销自己、推销产品，与顾客频繁见面。见面的次数多了，成交也就更容易了。

德西效应：无节制的奖励，反而降低购买欲

为了促进销量上升，店家总是喜欢抛出打折促销或者赠送礼物的诱饵，希望消费者们能够上钩。事实证明，面对“超值特惠”“让利大促销”“买一赠一”的口号，消费者们很难不去注意。

不过，并非所有商家都喜欢用这一招，某些商铺很喜欢用，但是也有一些品牌很少这样做。莫非那些品牌自视清高，不想扩大市场？当然不是，真正的原因是这种毫无节制的奖励，不利于品牌和口碑的经营和推广。

奖励泛滥了，就会变成廉价的东西

心理学家对德西效应的解释是，“在某些情况下，人们在外在报酬和内在报酬兼得的时候，不但不会增强工作动机，反而会减弱工作动机。此时，动机强度会变成两者之差”。

也就是说，当别人确实喜欢做某件事的时候，提供奖励反而会减少他们的兴趣，成为画蛇添足的举动。

不讲时机、不看未来，盲目地进行促销活动，或许并不会形成好的效果。因为奖励会转移顾客的注意力，他们关注的不再是产品本身，而是当前的奖励，对于品牌的经营来说，这不一定是好事。

在日常的销售过程中，要警惕德西效应的出现。要让顾客明白，我们出售的产品对得起这个价。不要把促销常态化，否则会让顾客产生产品很廉价的感觉，让他们以为促销时的价格才是合理的，正常的价格反而过高。

把奖励“升级换代”，用新鲜感留住顾客

现在的消费者早已在“双11”“双12”等各种促销活动中变得麻木了，他们对很多优惠活动视而不见，这让销售员头痛不已。其实，促销活动还是很有吸引力的，它是对老顾客的奖励，也是商家吸引新顾客的手段。商家可以给顾客让利，但是不能一直用老方法。换几个“马甲”，顾客可能就看不出来了。

1. 宣传专业性的小知识

现在的消费者大多接受过一定的教育，他们懂得知识的重要性，也具备一定的学习能力，所以在促销的时候，不妨发放一些讲解专业知识的画册、海报等。例如，女人是护肤品的购买主力军，商家在向她们出售产品的同时，不妨发放一些皮肤保养方面的手册，让她们更好地提升护肤效果，这其实也是在变相地提升护肤品的效果。

2. 赠送专属于顾客的小礼品

过去商家在做促销活动的时候，都喜欢赠送那些实用性强的礼品，比如杯子、钥匙扣、手电等，很受顾客的喜爱。不过，随着时代的发展，人们的消费理念也在不断发生改变，一些具有一定意义的礼品正逐渐成为人们的宠儿，例如游戏手办、游戏周边等，尽管这些礼品没有任何实用性，只能用于装饰，却能让人们在收到礼物的一瞬间兴奋不已。

3. 提升赠品的设计品位

不要再用商场里批发来的毛巾、香皂来敷衍顾客了，这些东西他们完全负担得起，对他们毫无吸引力。如果要送赠品，就要用心做，使顾客认为赠品是定制的。可以在产品的包装上体现店铺的经营宗旨和服务理念，让顾客了解店铺的品牌与服务内容，用企业文化影响目标顾客。顾客越了解店铺就越相信店铺。

第四章
顾客的情绪影响了消费行为

在销售的整个过程中，顾客的情绪扮演了重要的角色，它决定了顾客的购物体验。可以说，销售的重中之重就在于稳定顾客的情绪，然后才是吸引顾客的注意力。在现阶段，企业越来越懂得引导和利用顾客的情绪了，每一家大企业、大品牌的背后，都不乏数量众多的狂热粉丝。企业准确地把握住了消费者的情绪，从而吸引了大批忠实顾客。

销售“头号大罪”：给顾客心里添堵

在很多顾客的心里，逛街购物是一件值得高兴的事情，哪怕刚刚生了一场闷气，依然想逛逛街、散散心。因此，销售员一定要让这个过程充满愉快的氛围，而不能给顾客心里添堵。

经验丰富的销售员从来不会与顾客作对，也不会对顾客爱搭不理，他们会与顾客做朋友，该谈生意的时候就认认真真地谈生意，该打感情牌的时候就无比真诚地打感情牌。在顾客眼里，他们不仅是热情服务的销售员，还是一位见多识广的朋友。

企业盈利的负担，不该成为给顾客添堵的理由

销售并不总是一帆风顺的，而且会出现各种差错，造成各种损失。这些是正常的生产经营活动中都会出现的情况，销售员不该因此而为难顾客。

在许多经营场所，我们都可以看到一些针对顾客的“条例”，例如

“内有监控”“偷一罚百”“概不退货”等。这些标语随处可见，足见店家的认真程度，恨不得要对每一位进店的顾客严密监视。购物逛街原本是一件高兴的事情，但是顾客进店之后，迎面而来的却是这些威胁性的标语，试问他们会有何感想呢？

店家可能会抱怨：“我们知道这种行为不尊重顾客，但是没有办法。小偷太多，贴上这些警示性的标语，或许可以让小偷投鼠忌器，不敢再动手。”

这种做法或许能够减少偷窃事件的发生，却也让顾客产生了不高兴的情绪。顾客表面上没说什么，其实心里一直在想：“我只不过是想进来看看，至于像防贼一样防着我吗？”

除此之外，还有一种比较常见的例子。前两年，一些带有诅咒性的文案在社交软件上呈泛滥之势，例如“转发此文，保全家平安”，有些商家借机在后面打广告。这种行为是很可笑的，因为顾客并不会被你的诅咒吓到，只会感到厌恶。

调动正面情绪，成交会更容易

《盗梦空间》中有一句台词：“我认为正面情感每次都能战胜负面情感。我们都期待和解，一场宣泄。”每个人的内心深处都有脆弱的一面，它在孩提时代就已形成，一直藏在我们的心底。当生活顺利时，我们的情绪保持稳定，面对困难，也可游刃有余。但是生活中总有意外，当乌云笼罩了心头，内心的脆弱在无意中暴露在外时，人就会在负面情绪的打击下变得消沉，一蹶不振。因此，我们都需要调动正面情绪，而远离负面情绪。

无论是设计文案与宣传语，还是当面接待顾客，都要时刻提醒自己，不要向顾客传递负面情绪。一味地抱怨改变不了什么，与其悲伤懊悔，不如怀着感恩之心，勇敢地迎接生活。当顾客的正面情绪被调动起来时，交易成功也就离你不远了。

社会经济的发展、设计理念的进步、消费者意识的觉醒，都要求我们更好地理解消费者。尤其是在网购如此便利的年代，线下店铺的选择就更加重要了。当顾客来到店里，他们感受到的不该只是单纯的购物、砍价、刷卡带来的刺激感，店家还应该从心理学方面入手，将店铺打造得更加美观，为顾客带来更好的购物体验。

顾客心中都有一道心理防线

有时候，销售员或许会感到困惑：自己诚意满满地给顾客讲解行情，根据价位推荐合适的产品，这一切都是在替顾客着想，为何他们总是不领情呢？其实，顾客进店以后，心里就自然而然地产生了一道心理防线。

顾客喜欢“打太极”，试图从心理上拖垮销售员

顾客始终相信，销售员是自己的对手，站在利益的对立面。在讨价还价的过程中，销售员希望成交价格越高越好，最好顾客不还价，直接下单、刷卡、走人，也省去了磨嘴皮子的时间。顾客想的却恰恰相反，他们希望价格越低越好，最好是不要钱。

无奈的是，以往的事实也证明了，顾客与销售员之间很难做到坦诚相待。如果太相信别人，毫无防备地暴露自己的底牌，往往会让自己处于劣势。因此，在谈判的过程中，人们总是喜欢把话题扯向其他地方，用一些不相干的东西佐证自己的观点，也就是人们平常说的“打太极”。

例如下面这段对话：

销售员："这件衣服要300块。"

顾客："哇，就这一件夏天的衣服还要300？"

销售员："我家的衣服质量都很好的，款式也是最流行的。"

顾客："那能打折吗？300实在太贵了。"

销售员："既然您喜欢，那就给您打个九折吧。270。"

顾客："才打九折，我也是老顾客了，180吧。"

销售员："您太会开玩笑了，卖180我要亏死的。"

顾客："没开玩笑，180可以的，别人家卖的相同款式的衣服比这个还便宜，我是看在你们家的信誉好，对质量比较放心，才给这个价的。"

销售员："不行不行，180真的不能卖，您要是真的想买，我就给您再降10块，260。"

顾客："那算了吧。说实话，这件衣服的确很一般，我去其他家看看吧。"

此时顾客和销售员都很不开心，因为双方都没有获得想要的结果。最后还是销售员忍不住了，当顾客迈步出门时，销售员及时地叫住了她："这样吧，我们各让一步，您再加一点，给200怎么样？"

在上面一段对话中，销售员和顾客围绕着质量、款式、价格、顾客忠诚度等方面进行了一系列的较量，他们的争论焦点是价格，却唯独不提产品本身，也就是衣服究竟如何。就像太极中的推手一般，双方你来我往，有来有回，试图把对方拖垮在地。

关于产品，顾客心里自有价格底线

为什么手机要卖几千块一部，大衣要卖几百块一件，图书要卖几十块一本，而大米只卖几块钱一斤？产品的定价究竟有没有规律呢？

实际上，一件产品的定价并不是随意完成的，而是有其内在逻辑的。定价主要有两种形式，第一种是成本定价，第二种是认知定价。物质类的产品大多使用成本定价，而精神文化类的产品大多使用认知定价。举个例子，北京超市里的大米，便宜的差不多要三块钱一斤，而在音乐网站上下载一首受版权保护的歌曲也要好几块钱。大米的成本很容易算出来，包括粮食收购成本、运输成本、加工成本、场地成本等，将这些成本全部加在一起，会发现三块钱一斤并不算贵，可以说是比较合理了。而且大米是实实在在的，一分价钱一分货。相比之下，虽说歌曲的制作也需要成本，但是其他方面的不确定性太高，例如歌手的名气高低，歌曲的质量，最终购买歌曲的用户有多少等，这些因素是很难量化的。但是人们依旧愿意花几块钱下载一首歌曲，这就是认知成本，简单来说就是顾客觉得它值这个价。

顾客在看见产品的一瞬间，其实就已经对定价有了一个认知。只有当产品的价格水平与顾客的认知成本大体一致时，他们才会更容易接受。例如顾客看上了一本书，在他的印象里，一本书的价格普遍在二三十元，所以当他看到图书背面的定价为29.8元时，他就很有可能购买。如果这是一本绝版书，店家给出的售价不再是29.8元，而是298元，他或许会为了花这笔钱而感到心疼，但是强烈的购买欲最终占据了头脑，让他下定决心，即便花10倍的价钱，也要把书买下来。

世界定位大师杰克·特劳特说过一句话："营销就是战争。"谁能引导大众的认知，谁就能销售成功。相反，如果不能准确地捕捉到顾客的认知，不断突破顾客的心理防线，交易失败几乎是必然的。

商家不可触碰顾客的尊严

做生意的主体有两个，一个是商家，另一个是顾客，他们之间的地位是平等的，因为做生意的根本原则是互利互惠，互通有无。如果其中一方总是处于弱势地位，饱受欺凌，那么这段关系就是不正常的，注定走不远。

商家在制定决策时，要充分考虑顾客的尊严

在经营活动中，商家出于自身方面的考虑，做出某些决定，从而减少给自己带来的麻烦。但是顾客不这么看，因为这些决策给顾客造成了不便。从本质上说，商家是把自己的麻烦转嫁给了顾客。当顾客意识到这一点时，就会感到自己毫无尊严可言，于是对商家感到愤怒，而负面情绪的产生，对销售业绩只有坏处，没有好处。

许多超市在出口处安排了保安，当顾客拎着大包小包的商品出门时，他们会向顾客索要购物小票，然后在小票上面盖章。如果顾客不小心将小票弄丢了，就可能给自己带来麻烦。在商家看来，这个决策是理所当然

的，可以有效防止盗窃。但是在顾客看来，这个做法触犯了自己的尊严，因为它把所有人都当成了潜在的犯罪分子。

也有许多超市没有在出口安排盖章的保安，而是用机器取而代之，不过机器也有失灵的时候。我就亲身经历过一次。当时我在北京的一家超市购物，买了一些日用品，结完账以后，抬头看见前面一位穿着工作服的大妈正在冲我微笑，于是我也用微笑回应。谁知，正当我拎着袋子大步向前走的时候，周围却响起了一阵刺耳的警报声。接着，就在几秒钟之前还冲我微笑的大妈，急速冲向我，用手指向我拎着的袋子问：“你是不是有什么东西没付款呀？”眼神中满是怀疑，丝毫不见刚刚的慈眉善目。我感觉超市里所有人都在朝这边看。

我从未遇到过类似的事件，当时只觉得大脑一片空白，等到回过神来，才知道她把我当成小偷了。于是，为了自证清白，我把购物小票拿了出来，又把袋子里的东西一件件拿出来给她看。她拿起了其中一瓶护肤品，从警报门前走了一遍，警报又响了。她把东西还给了我，没有说一句道歉的话，朝里面的人喊：“这门又出问题了。”

原来警报门已经不是第一次误报了。我不知道其他人是怎么想的，我只知道当我出门的时候，心情非常复杂。

让顾客感到自己是被尊重的

人们都希望受到重视，至少能够得到应有的尊重，这是每个人都有的心理诉求。当顾客进入商店以后，销售员首先要用积极的态度去迎接，这是最基本的礼仪。如果销售员态度冷漠，不理不睬，顾客肯定会生气地离开。销售员应该以友好的态度，努力为顾客提供优质的服务，让顾客体验到宾至如归的感觉。意识不到这一点，连基本的礼貌都没有，必然会失去所有的顾客，成为一名失败的销售员。

作为一名合格的销售员，你必须学会倾听。比好好说话更重要的是好好倾听。有的销售员总是滔滔不绝，意图把自己的感觉和想法强加给顾客，但是顾客却断然拒绝。为什么呢？因为顾客没有表达自己的机会，他们感觉自己的需求没有得到解决。面对顾客的倾诉时，销售员专心致志地倾听比说任何恭维的话都有效果。这体现了销售员对顾客的尊重和重视，进而销售员会得到顾客的信任和支持。

一句话可以让人微笑，也可以让人暴躁。顾客的情绪是很复杂的，经常像天气一样瞬息万变，而引发情绪变化的因素有很多。尊重对方是稳定其情绪的第一步，只有让顾客感到自己是受尊重的，才会使沟通更加顺畅。

自作聪明，反而让顾客心生厌恶

为了吸引消费者的注意力，商家在广告方面可谓用心良苦，甚至把做广告变成了一门学问。然而广告只是广告而已，最终的销售业绩是多方面因素共同作用的结果。如果其他方面出了问题，广告做得再好也没用，不过是自作聪明，搬起石头砸自己的脚。

产品定位不合理，广告反而成为笑话

众所周知，一件产品在制作之前，必须要确定其定位。业内人士一般用“产品定位五步法”进行定位，包括：

目标市场定位（Who）——产品要面向哪些顾客？

产品需求定位（What）——这些顾客有什么需要？

企业产品测试定位（If）——产品能否满足顾客的需要？

产品差异化价值点定位（Which）——相比其他产品有什么独特之处？

营销组合定位（How）——这些需要如何有效实现？

熟练运用这五个步骤，可不是一件容易的事，它需要经过大量的研究和积累多年的实战经验。即便是国际知名的大品牌、大企业，也不敢保证每一款产品都能在“产品定位五步法”上得满分。

2014年8月，肯德基推出了一款“八分堡”，请韩国明星金宇彬代言，广告语则是“我是八分青年金宇彬”。广告一出，让很多人摸不着头脑，很多人并不清楚“八分”到底指的是什么。直到服务员将小了一圈的汉堡呈现在人们眼前，人们才恍然大悟，原来“八分堡”指的就是“八分饱”，就是要我们吃八分饱的意思。

肯德基的如意算盘或许是这样的：总有人“吐槽”快餐的热量太高，不健康，那就干脆把汉堡做小一点，让人少吃一点，这样还可以多卖点小食。

问题在于，肯德基的主动“瘦身”，消费者不一定买账，不少人“吐槽”吃不饱。肯德基对“八分青年”的定位是这样的：“凡事秉持八分青年的平衡生活观，无论是爱情、交友，还是工作，都会努力付出，但同时也为自己留出空间享受自由……”这个定位显得不清不楚，长腿“欧巴”们或许可以自称人生赢家，但是广大的消费者们可不敢这么说。

如果没有明星前来助阵，“八分堡”的销量肯定不会有多好，因为它只能迎合一小部分顾客。

自作聪明，不如坦诚相待

很多人对销售员心存偏见，认为销售员都喜欢坑蒙拐骗，嘴里没有一句实话。不可否认的是，现实生活中也确实有一些销售员是这样做的。作为和顾客面对面的销售员，大多数人奉行多一事不如少一事的原则，有的人只顾自己把东西卖出去，却完全不管他人的利益，至于诚实、道德什么的，通通抛之脑后。

其实，诚信是销售员不可或缺的品质，一旦做错事，污点就有可能伴随一生。如果要向那些销售大王们询问做好销售的秘籍，他们肯定会对你说："做销售无非是以诚待人，一分价钱一分货。"对于大企业而言，虽说开发新顾客很重要，但是留住回头客可能更加重要。时间久了，积累的口碑高了，回头客和他们介绍过来的客户也越来越多了，于是企业的规模越做越大。如果从一开始就自作聪明，总是欺骗客户，手里的客户资源迟早会损失殆尽。没有人喜欢自作聪明的人，顾客尤其讨厌欺骗自己的人。

由此可见，销售员首先要做的就是"诚"。人们喜欢忠厚老实的人，这样的人看上去就很可靠。如果销售员的面部表情过于丰富，眼神飘忽不定，就会给客户留下一种不够诚实的印象，这会给你的生意带来隐患。

“占便宜”是屡试不爽的兴奋剂

乔布斯说过一句话：“顾客不要‘买便宜’，而要‘占便宜’，便宜无好货，物超有所值，关键是你能提供绝佳的品质和醉人的体验。”

顾客总是对“免费的午餐”没有抵抗力，因为我们从小就被教育“天上不会掉馅饼”，但是当它真的出现在眼前时，又有谁不会心动呢？

99和100之间，差了无数个情绪体验

如果你对商品的价格比较敏感的话，就会发现一个现象：厂家在定价的时候，尾数总喜欢用9，而不是用0。我们经常能看见标价为9.9元、99元、199元、299元的商品，为什么商家不把这些商品标价为10元、100元、200元、300元呢？试想一下，付99元和付100元之间明明没多大差别，你希望在掏出一张钞票的时候，最终却收回一枚硬币吗？

先别急着回答，事实是，消费者确实喜欢这一枚硬币，当它进入口袋之后，消费者便将它存起来，并且盘算着积满存钱罐的时间。尽管它看起

来微不足道，但是人们依然乐此不疲。顾客都有一种贪图便宜的心理，并且希望图个吉利，这种标价模式正是利用了顾客的这一心理。顾客在乎的并不是多一枚硬币，而是少付一块钱，100就是比99大，顾客宁愿看到“残缺不全”的99，也不愿意看到“完完整整”的100。

从这一点来说，这种定价方法还主动向顾客提供了一次砍价体验。砍价就像一场拉锯战，价位是否合理并不是最重要的，最重要的是要让顾客感到满足。看到那“整整齐齐”的100元，顾客总是忍不住想要砍价，而商家主动把标价设置得“残缺不全”，也能给消费者造成一种心理错觉，认为是商家主动减免了1元钱。

许多商家为了招揽顾客，还经常使用招揽定价法——把某一样产品的价格定得特别低，从而吸引大量顾客，用这种方式带动其他高价产品的销售。比如超市把鸡蛋的价格下调到成本价格以下，这样可以增加超市的客流量，进而提高销售额。

让顾客感到“占便宜”的多种营销策略

商家要赚钱，但是不能只盯着钱，而要在适当的时候向顾客示好。即便是微小的让利，也能让顾客开心起来。“双11”就是一个极佳的案例，在“双11”当天，大大小小的店铺都加入打折的大军中，形成了打折的洪流，而顾客们投身其中，试图从中抢到最适合自己的产品。

向顾客让利，要做得聪明一点，打折只是其中的一种办法。在日常生活中，人们有各种各样的方法，在无形中向顾客让利，却又让顾客完全意识不到。包括价格优惠、体验超预期、意外福利、免费停车、赠送茶水、主动提醒等。不过，这些让利行为也要分情况，在不同的经营场所内，前来光临的顾客不同，就要采取不同的让利模式。

1. 折扣、礼品

在大卖场内，前来光临的顾客主要是普通市民，他们关心的是实实在在的实惠，对物质的渴望强烈。因此在实际生活中，大卖场的让利方式是直接打折，或者赠送礼品，因为这类实惠是看得见、摸得着的。

2. 免费停车

在购物中心，顾客中有许多人是开车来的，因此免费停车也成了让利的一种形式。这类购物中心大多拥有一个庞大的停车场，可以为顾客提供足够多的停车位。对顾客来说，不用付停车费，也能省下很多钱。

3. 免费报销

有些商场向顾客提供这样的服务，当日消费实付满××元，即可报销购物当天的省内高铁、动车、汽车、火车票等。也有一些商场不报销车票，但是可以免费退换货、免费邮寄等，这些也是让利的一种模式。

4. 免费零食

在某些店铺里，商家主动向顾客提供免费的零食，通过这种方式，让顾客留下来。即便是在某些餐饮场所，商家也会向顾客提供一些免费的零食，例如糖果等，这些东西并不贵，而且顾客也吃不了多少。

对广告的期望越高，顾客的心理落差越大

宣传产品是企业扩大市场、提升业绩的重要手段，然而不少商家在宣传时故意夸大产品的实际效果，这已经涉及虚假宣传了。顾客听了以后，满怀憧憬而来，却带着失望而走，这种情绪上的落差，会瞬间打消他们的购买欲望。因此，如何把握宣传和产品之间的关系，就成为每一个销售人员必须考虑的事情。

虚假宣传带来了巨大的心理落差

2018年2月，崇川市监局发布了一则信息，具体内容如下：

我局收到群众举报材料，该材料反映南通A公司在天猫网上开设的名为某网络旗舰店的网店（以下简称“涉案网店”）在销售“蚊帐”商品时，在其宣传网页上使用“最新、最……”的广告用语。当事人的上述行为涉嫌违反了《中华人民共和国广告法》的有关规定，我局决定立案调

查。调查期间，我局又收到上级机关转来的新交办单，该交办单反映当事人在上述涉案网店销售“床单被套4件套”商品时使用“限量巨亏；这是一款颠覆传统的套件，特别引进欧美纳米颗粒技术”“只限今天的活动，‘亏本哦，错过了，您将再等20年’，买贵了，奉还10倍差价”“用户推荐率89%”等广告用语。当事人的上述行为亦涉嫌违反了《中华人民共和国广告法》的有关规定，我局考虑到上述举报是针对同一当事人、同一涉案网店且违法行为性质相同，因此我局决定并案处理。

近几年来，国家加大对广告宣传的管制，先后执行了一系列措施。仅从广告方面来说，就有一大批词语被禁止用于广告方面，防止对消费者造成误导。这些词语大多是无中生有的宣传，例如国家级、世界级、最高级、最佳、最大、第一、唯一、首个、最新技术、国家级产品、填补国内空白、独家、销量冠军等，按照专业的称呼，这些都属于“极限用语”，也就是说把产品的某些特性鼓吹到了极限的地步。

相信大家平时听到、看到的这些广告词不在少数，大家甚至早已习以为常了，过去人们没有这方面的意识，市场上充斥着各种极限用语，但是随着法律法规的完善，继续使用这些词语将涉及虚假宣传。

消费者们痛恨假冒伪劣产品，对虚假宣传同样痛恨，因为这些行为直接损害了消费者了解产品信息的权利。

顾客希望得到，但更厌恶损失

消费者对于虚假宣传的痛恨，可以用经济学上的“损失厌恶”理论来解释。损失厌恶是指人们面对同样数量的收益和损失时，认为损失更令他们难以忍受。说得简单一点，就是顾客希望买到货真价实的产品，但是当他们知道销售员刻意夸大产品的性能之后，便会感到极端厌恶。

举个例子，某天你和朋友相约，去一家餐厅吃饭。进门入座以后，发现餐厅里坐满了等待就餐的客人。出于时间上的考虑，你问服务员："还有多久才能上菜？"服务员说："很快的，10分钟左右就轮到你们了。"

你和朋友听了这话以后，觉得等待时间并不算长，于是安心地坐在位子上，惬意地聊天。10分钟以后，你们的菜肴仍然没有做好，于是你又问了一遍服务员。服务员说："实在不好意思，今天人有点多，我去催一下，很快就会好了，排在你们前面的已经没有几位了，估计再过10分钟就会好了。"你们只好继续等下去。

试想一下，假如10分钟以后，服务员端着做好的饭菜，送到你们面前，你会感到开心吗？假如10分钟以后饭菜还是没上，而且服务员还让你们继续等10分钟，而餐厅里的人只多不少，你会有多郁闷呢？如以满分10分计，你的满意度为几分？不满意度又为几分？对于大部分人来说，多等10分钟而产生的厌恶感，要比立即上菜获得的快乐感更强烈。

2002年诺贝尔经济学奖获得者，普林斯顿大学教授丹尼尔·卡尼曼曾经用前景理论解释了这个现象，他认为人们在做一件事情的时候，会找一个参考点，然后进行判断，相比之下，"损失"比"获得"更容易让人们变得敏感。

相比于虚假宣传，有的营销人员找到了另一种更有效的方法，也就是理性宣传。他们在宣传时不会高喊“天下第一”的口号，而会理性地介绍产品的各项性能。顾客听了宣传之后，产生了一点好奇心，却没有失去理智或陷入疯狂，他们将产品握在手中的那一刻，才终于明白：原来这款产品真的好棒！有什么宣传会比顾客本人现身说法更有利于企业的长期发展呢？

顾客挑花眼了，交易就更难了

当你从口袋里掏出两只手表，却发现上面显示着不同的时间时，你该相信哪一只？或者说，哪一只都不信，而是打开手机，看看手机上面的时间呢？这就是有名的“手表定律”，它要说明的道理是，标准越多，选择越难。

面对多个标准，顾客容易陷入迷茫

当我们的左手和右手分别握着一只手表，而这两只手表显示的时间并不一致的时候，我们就会受到干扰，甚至无法确定时间。也就是说，当我们面前出现两套不同的标准时，我们就会不知所措。我们要做的就是选择其中较让人信赖的一种，尽力“校准”它，并以此作为自己的标准，听从它的指引行事。

帕瓦罗蒂是世界著名的男高音歌唱家，凭借高超的歌唱技术享誉世界。不过，帕瓦罗蒂的一生过得并不顺利，在他年轻的时候，也曾为以后的道路而发愁。当时他正要从一所师范学院毕业，可以选择今后做一名平凡的教师，虽然工资不高，但是比较稳定，同时他又想继续从事自己喜爱的歌唱事业。经过一番苦苦思索，帕瓦罗蒂只得向父亲请教。

父亲当时正在烘焙面包，听了儿子的想法以后，沉默了一段时间，他双手拿着工具，坐在了沙发上，然后说："孩子，不管你做什么，我都支持你，但是切记，一旦你选择了，就要全力以赴地去做。如果你想同时坐上两把椅子，就会从椅子间的空隙掉到地上。"

帕瓦罗蒂思考良久，最终下定决心，从事歌唱事业，最后终于成为蜚声国际的大歌唱家。

尼采曾经说过一句话："如果你是幸运的，你只需有一种道德而不要贪多。这样，你过桥更容易些。"这句话适用于销售。尽量向你的顾客提供一种选择，而不要把所有的选择都展示给他，你或许以为这样可以让他找到最喜欢的那一款，实际上这只会让他陷入混乱之中。

不存在正确的标准，只有"顾客喜欢"这一条标准

面对满天繁星，有的人看出了宇宙的浩瀚、人类的渺小，有的人则看出了天气晴朗、适宜远行。这就像购物一样，面对同样一件产品，有的顾客觉得很时尚，心中充满了兴奋，而有的顾客则认为很奇怪。

顾客能够接受的标准其实很少、很具体，他们大多有自己喜欢的类型，虽然表面上没有表现出来，但是在内心深处，他们的逻辑思维方式

早已为这一切定下了答案。究竟要向顾客推荐什么，就要看销售员的经验了。

顾客在选择商品的时候，必定会在心里明确一个标准，告诉自己当下要买什么样的东西。如果标准太多，模糊不清，实际上就相当于没有标准，什么也买不了。因此，标准的选择就成了顾客购买过程中首先要确定的事情。

有人说，在商业领域，谁能制定规则，谁就能成为最大的赢家。苹果手机红透半边天以后，智能手机的标准也诞生了，因为消费者在面对其他智能手机的时候，总会不自觉地将它与苹果手机相比。在销售领域，也有相同的案例，美国的乔·吉拉德，日本的原一平，他们就是销售界的标杆。

有时，连顾客自己也不知道自己的标准是什么，这时就要看销售员的能力了。销售员要根据顾客的自身条件进行判断，看看他是什么性格的人，推断出他可能喜欢什么样的产品，最容易接受什么标准，然后再向他推荐。

如果顾客已经有了自己的选择，就要看销售员是否能够改变他的想法了。例如，有时顾客进门就问："你们这里有卖××产品吗？"于是销售员就明白，这个顾客有很明确的标准。此时，销售员要分析其标准对自己是否有利。如果自己确实卖这款产品，就强化顾客的标准，告诉他"真有眼光""这款产品很好"。如果店内不卖这款产品，就要向顾客灌输另一套标准了。当你搞定顾客对标准的认知时，你就已经搞定了顾客。

顾问式营销——顾客只信赖“专业人士”

在生活中，人们需要购买的东西太多，真正了解的却很少，因此在购物的时候，人们都希望能够遇到忠实可靠的专家，希望他们能够为自己排忧解难，提供更好的服务。

对于销售人员来说，销售不该是机械地背诵产品信息，而是应该掌握大量与产品相关的知识与消息。当顾客发出询问时，销售员不可以吞吞吐吐，而是应该对答如流。只有这样，顾客心中的疑虑才会消除，顾客的情绪才会稳定，生意也才能顺利成交。

顾问式营销是打开市场的必经之路

在顾客面前，你就是占据绝对优势的专家。除非是业内人士，否则大多数顾客其实并不了解产品，也不了解该行业的情况。

有一位老板曾经对我说，他自认为出售的产品质量不错，丝毫不比竞争对手差，但是销售业绩就是上不去，这究竟是什么原因呢？难道是遇到瓶颈期了？他们公司是专门卖手表的，这十几年来赶上了国家经济发展的好时机，销售业绩不断提升。但是后来销售额就卡住了，怎么也上不去。这位老板想尽了各种办法，包括扩大经营场所，提升装修档次，加大宣传力度等，却始终无法破解这个谜题。

我说："眼见为实，单凭你我之间的对话，我也无法给你答案。"于是，他带着我在企业内部考察了一番。在考察的过程中，我发现问题出在陈旧的销售方式上。他们公司的销售人员对自己的定位仍然停留在超市售货员的层面上，在接待顾客的时候，只是简单地陈述一下手表的性能和质量。他们从未接受过统一的培训，这导致他们对产品并不熟悉，也不了解专业的营销技巧。结果就是出了故障也说不清楚原因，顾客很不耐烦，因为他们不相信销售员的水平，这样公司如何能够提高销售业绩呢？

于是，我对他说："不要把销售当成低级工种，多花点时间和精力，培养几个能够独当一面的专家级销售吧。你的硬件设施都很完备，就差人才这个'软件设施'了。"

此外，我还给他提了一个建议——建立顾问式营销模式，让顾客得到周到的服务，从而提高产品满意度，提升品牌形象。

专业的反驳，为你赢来回头客

以往，人们的销售理念很简单，就是一句话——顾客永远是对的！不过这种完全服从顾客的营销策略出现了很多问题。因为顾客并不是最专业的，他们提出的意见很可能是错的。当吃亏时，他们才终于醒悟过来：原来销售人员是在敷衍我。“顾客永远是对的”，潜台词就是销售员什么也没说，因为销售员不会给出任何有价值的建议。相比之下，顾客更希望销售员能够给出合理的建议，让自己变得更理智一点。

例如，两个人去一家新开业的餐厅吃饭，由于肚子很饿，就点了很多菜。按理来说，老板应该高兴才是，但是顾客不会高兴，因为他们吃不完这么多的菜，浪费终究是个不好的习惯。如果这时老板能礼貌地提醒一下：“二位是初次光临吧？欢迎欢迎。我们这家餐厅的价格比较亲民，饭菜的分量也很足，要不我先给你们上两道正菜，你们先尝尝，不够的话再给你们加？”顾客听了这番话，会立即明白自己点的菜太多了，然后发自内心地感谢老板的提醒。

顾问式营销就是和顾客做朋友，真诚地向他们推荐可靠的产品。只要体验过一次顾问式服务，顾客便会产生依赖感，在他心里，你就是最专业的那个人。让顾客为认识你而感到自豪，你就能无往而不利。

给还价增加难度，以免商品产生廉价感

顾客的内心是很矛盾的，他们一方面希望从商家那里获得更大的折扣，用尽可能少的金钱买到自己想要的东西，另一方面却又看轻那些“主动”打折的商品，认为它们不够高档。

所以，销售员在面对顾客的时候，要准确地把握好打折的时机，既要让顾客为打折而开心，又不能让他们产生商品很廉价的感觉。

人们都爱打折

卖过东西的朋友想必都有这样的体验：很多消费者特别喜欢砍价，不管买什么东西，也不管在哪里买东西，张口就问：“你这东西打折吗？”

曾经有位开设计公司的老板对我说：“天底下的客户都这么喜欢砍价吗？以我们公司做出来的设计效果看，我们的价格在行业内并不算贵，但是许多客户来了以后，见面第一句就是‘最近市场环境不好，公司效益比

不上以往了，设计费能不能便宜点’。真是奇了怪了，你们的效益不好，就要我们承担你们的损失吗？难道你们去餐厅吃饭结账的时候，也要对服务员说一句‘最近公司效益不好，你能不能给我打个折’？要真是这么说的话，估计会被人当成外星人，但是客户来设计公司砍价仿佛成了天经地义的事情了，不砍价倒像是外星来的。”

其实，客户还价的原因有两点，一是舍不得花钱，二是怕被骗。客户去餐厅里吃饭，饭菜是“实实在在”地进了他的肚子里，对饭菜的价格他也很了解，况且直到吃菜以后，他才能知道口味如何，此时退货已经来不及了，所以顾客在餐厅里一般很少砍价。但是设计行业给客户的印象就是暴利行业，在他们看来，做几张图片就报价上万，实在是匪夷所思，即使你报出底价，客户也会认为其中还有很大的水分。

面对顾客的一再逼迫，很多销售为了尽快签单，往往选择妥协，用很低的折扣把产品卖给了顾客。这样做的好处是签单速度很快，有利于提升短期的销售额。不过事物都是有两面性的，有好处，自然也会有坏处。实际上顾客心里清楚得很，一分价钱一分货，但是当他们面对账单上的数字时，又会感到心疼，砍价已经变成下意识的行为了。等到你真的将商品低价卖给顾客的时候，顾客又会想：“这是个不值钱的东西，我用这么少的价钱就买到了，质量肯定不怎么样。”

物以稀为贵

换个角度来看，砍价其实也是件好事，顾客砍价，说明他们心里已经想购买了。销售员一定要把握这样的机会，让顾客明白“这里卖的是好东西”。

首先，不管顾客带着什么样的情绪砍价，销售员都要保持冷静，不能被顾客的情绪“压倒”。有的顾客看上去气势汹汹，有的顾客表现出一副可怜兮兮的样子，还有的看上去诚意满满，这些都是顾客为了砍价而表现出来的。销售员有必要让顾客明白，这里卖的不是可以轻易还价的东西。

有些顾客以砍价为乐趣，甚至在成交之前依然要再问几遍：“不能再便宜点了吗？”他们其实已经对产品很满意了，对价格的合理性也没有什么质疑，只是他们不想以当前的价格成交。面对此类顾客，销售员就没有必要继续解释了，只需默默地坚守自己的原则就可以了。继续解释价格的成因，只会让顾客误以为这里还有回旋的余地，他们会不停地问下去。

如果顾客拿别人家的产品做比较，试图说明你的产品价格太高，说明他们已经开始留意市场行情了，此时正是趁热打铁的好机会。你可以向顾客说明制定这个价格的原因，分别从材质、包装、质量、设计、售后等方面进行说明，让顾客明白其中的差别，自觉地接受高价格。

第五章
购物环境是顾客情绪的催化剂

顾客进入店铺之后，便开始四处走动，观察商品。此时他们看似随意，实际上全神贯注，就像一只正在寻找猎物的猫。当他们发现目标后，便会保持精神的高度集中。而这一切都需要环境的配合，不能让意外因素破坏了他们的兴致。

拥挤的购物环境是“情绪杀手”

商家肯定希望前来购物的人越多越好，这样就可以给自己带来尽可能多的利润。但是顾客不会这么想，看到商场里黑压压的人群，顾客只会从心底感到压抑，从而打起退堂鼓，放弃购物。因此，如何平衡客流量和购物空间的关系，就成为商家必须考虑的问题了。

拥挤的人群让人情绪烦躁，容易发生危险

2015年1月，延安一家商场在微信朋友圈发布了一条集赞兑换礼品的消息，宣称只要顾客积攒38个微信“点赞”，就能到商场内领取一套床上用品。消息很快在许多人的微信上刷屏了，当地居民纷纷伸出大拇指，在手机上互相点赞。1月3日，数百位居民争先恐后地来到商场内，拿着手机向营业人员展示自己积攒的点赞数量，要求兑换礼品。然而，由于人数众多，场面十分混乱。有人争抢礼品，有人则摔倒在地，还有的人被挤得哭了起来。接到消息的延安警方迅速派出了30余位民警赶至现场，责令商场

停止活动，同时疏散人群，这才避免了一场事故的发生。

商家固然希望前来光临的顾客增多，但是客流量过多也会带来隐患。在拥挤的环境下，人的情绪会变得焦躁，很容易导致危险的发生。

打造宽松的购物环境

1. 合理布局，引走客流

在布局的时候，营业人员就应该考虑到之后的安全问题，合理布局，留出安全通道。货架之间至少留出两到三条直来直往的宽敞通道，这样一来，顾客便可以自由地前进和后退，他们能够跟随自己的意志行动，就不会越等越烦躁了。

2. 做好标识，让顾客知道该往哪里走

在大商场内，清晰可见的安全通道标志和安全出口标志是必须要有的；对于小店铺来说，这些也应该有。要让顾客知道出口在哪里，收银台在哪里，这样一来，他们就能顺着标识快速找到想去的地方，必然大大减少拥挤状况的发生。

3. 人多拥挤时，安排指挥人员

很多时候，顾客对身边的拥堵没有任何意识，他们只知道商店里的人很多，却不知道其中可能存在什么样的隐患。国内有多起踩踏事件，都是由促销活动引起的，商家只知道吸引人群，却没有做好预防措施。如果事先估计到人流量较大，可在顾客到达商场前设置好路障或隔离绳，使顾客分成小团体进入商场。销售人员可引导顾客到指定队列或入口处排队等候，或者商家可临时安排一个专门的指挥人员，提醒顾客注意安全。

4. **优化交易流程，缩短交易时间**

提高交易速度是保证顾客体验良好的一个关键因素，如果看上一件商品，却迟迟不能结账，顾客肯定会感到烦躁不安的。因此，优化交易流程，缩短顾客的等待时间，就显得尤为重要了。这要根据店铺的性质进行规划，例如有些超市将收银台和称重台合二为一，顾客只需排一次队即可完成交易，大大节省了顾客的时间。

优化商品陈列，让顾客看得舒服

商品的陈列是一门技术，更是一门艺术。擅长摆放商品的人，总是能够带给顾客美的感受。即便是普普通通的水果和蔬菜，也能够通过他们的摆放展现出不一样的美感。摆放商品时，要注意考虑到顾客的心理需求。

良好的商品陈列，带给顾客美的感受

顾客进店的时候，最关心的肯定不是销售人员是否开心，而是商店内摆放的商品是否合乎他们的心意，而恰当的摆放方式，可以让他们在选购时感到轻松和愉快，也可以刺激他们的购买欲望。

商品摆放完毕以后，销售员可以从门外缓慢走进来，亲自感受一下自己的工作成果。一般而言，商品的陈列应该做到以下几个方面：

1. 整整齐齐是第一原则

无论摆放的是什么商品，至少看上去要整整齐齐的，因为人们天生喜欢有条理的事物。在整整齐齐的商品的包围中，顾客的情绪也会变得比

较稳定，而在商品胡乱堆放的环境下，顾客的情绪就会像商品一样，变得“乱七八糟”。

有人说产品就是商店的广告，其实产品的排列效果更是商店的活招牌。当顾客走进商店，放眼望去，看到的都是整整齐齐的货架，琳琅满目的商品排列有序，他们就会产生较大的热情，潜意识中产生一种愉悦感。

2. 营造独特的氛围

每家商店都要有自己的目标定位，否则就会杂乱无章，今天做一下这个，明天做一下那个，使经营和管理都陷入混乱之中，这种生意是没办法做下去的。因此，商店的经营人员要针对客户群体的特性，从装修到商品陈列，营造出不同的氛围。

大多数顾客在购物时，都会受到情绪的影响，而环境又是引发情绪的催化剂。如果环境优美，令人赏心悦目，顾客的情绪便会不由自主地被调动起来，顾客与商品之间的心理距离被瞬间消除，从而产生亲近之感。

根据产品的种类选择摆放方式

在摆放产品的时候，应当遵循多方位、更直观的原则，让顾客能够便利地拿到商品，以缩短挑选时间。在具体操作过程中，可以把相同种类的商品摆放在一起，避免让顾客来回奔跑。

1. 日用品放在商场后方

我们在逛超市的时候，会发现日用品一般摆放在超市的后方，这是因为此类商品和人们的生活息息相关，将这些商品放在后方，能够引导顾客向超市内部走去，从而有更多的机会看见其他商品。

2. 相关产品摆放在一起

在摆放产品的时候，要考虑到顾客的其他需求，把相关的产品放在一起。比如男裤和男衬衫放在一起，女士包包摆放在离女鞋不远的地方。产品的关联陈列能够增强卖场的灵活性，使得陈列多样化、生动化，有效地刺激顾客随机购买的欲望，增加顾客购买商品的概率。

3. 合理排列单项产品

确定了相关产品的摆放区域后，接下来要做的就是排列单项产品，为具体的产品配置陈列空间。货架的中上层是陈列的黄金区域，这个高度上的商品最容易被顾客看到，所以应该陈列高利润商品、自有品牌商品、独家代理或经销的商品。体积较大、容易破碎、周转速度快的产品要放在底层。而最上层通常摆放那些需要推荐的产品，顾客看到以后，不一定会买，但是会留下印象，经过一段时间之后，那些产品就可以移到中层。

4. 将同类产品并列摆放

除非是特殊定制的展柜，否则不要单独摆放某个品牌的产品，而应至少摆上3个或者3个以上品牌的商品，向顾客提供足够的选择。至于畅销的商品，可以适当多摆放一些，多个相同包装的产品可以提供更强烈的视觉冲击。不管摆放多少个品牌的商品，都要确保货架被全部占满，给顾客留下商品丰富、品种齐全的印象。

灯光在顾客的心中投下色彩

进入商场以后，人们被五颜六色的灯光笼罩着，而在灯光和色彩的影响下，人们的情绪也随之发生细微的变化。从心理学上讲，色彩容易影响人们内心的情绪，从而让人们产生购买欲望。灵活运用灯光和色彩，能吸引顾客的眼光，从而提高销售额。

店铺的灯光照明设计

店铺对灯光的要求非常严格，不合理的灯光设计会使顾客无法清楚地看见商品，从而影响购物体验。良好的灯光设计，可以让顾客在走进店铺的一瞬间，就感受到强烈的视觉冲击，却又不会觉得突兀。

对于店铺来说，灯光照明通常要考虑以下几个方面：

1. 普通照明

普通照明是为了照亮店铺，占据了大部分店铺照明，有了这些基本照明，当顾客进入商店以后，就能将店铺内的环境一览无余。普通照明应该具有足够的灵活性，要适应商店的营销策略、商品变换等，让顾客的注意力集中在这些值得关注的地方。除了店铺以外，还有其他一些特殊的地方也需要照明，例如试衣间、楼梯间、地下车库等。

2. 局部照明

商店内光有大灯还不够，还需要一些小灯，用来补充局部地区的照明，让顾客能够清楚地看到商品、广告宣传等，一般用在区域商品、柜台、货架、广告牌、广告灯箱等地方。在店铺外面，也要预留一些照明设施，供室外广告以及导视的灯箱使用，让顾客从远处就能看到店铺的招牌和广告。

3. 应急照明

应急照明是很多人容易忽视的地方，却又是最重要的部分，因为这些照明可以在危急时刻保障人们的安全。应急照明的种类有很多，我们在商场内随处都可以看到“安全出口”的绿色指示灯，这是应急照明的其中一种，属于疏散照明。其他还包括安全照明和备用照明。在楼梯和电梯等通道内的就属于安全照明。备用照明则是在停电以后持续进行的照明，可以避免停电等意外情况造成的危险。

商店内部的照明水平并不是完全相同的，这主要取决于商店内部的装修情况。假如墙壁的材料光滑、颜色较淡、反光能力较强的话，照明度可以低一些；假如墙壁的材料粗糙、颜色深的话，照明度可以高一些，这样才能突出效果。

合理搭配店铺的色彩设计

有了灯光还不够，必须搭配色彩，才能构成顾客对店铺的整体印象。

选择合适的色彩，能够让顾客隔着很远的距离就被吸引过来，因为色彩传达信息的速度远远快过图形和文字。

大自然是五彩缤纷的，我们生活在这个多彩的世界里，无法抗拒色彩的影响。看到不同的色彩时，我们的心里会产生不同的联想。

黑色——沉默、严肃、悲哀、压抑。

白色——纯洁、喜悦、明快、宁静。

灰色——温和、中立、中庸、平凡。

红色——热情、活力、积极、奔放。

橙色——快乐、温馨、温暖、活泼。

黄色——自由、明亮、愉快、放松。

绿色——安静、沉着、健康、生机。

青色——荒凉、孤寂、唯美、慵懒。

蓝色——忧郁、悲伤、深邃、高雅。

紫色——焦虑、不满、神秘、高贵。

总之，粉嫩轻柔的色调，使人感到温馨；明亮强烈的色调，使人感到欢快；灰暗浑浊的色调，则使人感到消沉。

不同的商品会给顾客带来不同的心理感受，所以在设计店铺的时候，要注意颜色的选择，做出最合理的色彩搭配，尽量将顾客的情绪向平稳、积极的方向引导。通过色彩的搭配，使顾客更容易辨识商品，产生亲近感。这种作用在零售店铺里最明显。暖色调的区域一般放的是食品，冷色调的区域一般放的是清洁用品，而灰色调的区域一般放的是化妆用品。

首先要明白一点：店铺的色彩装饰，是为了衬托产品，所以要让顾客把注意力集中在产品上，而不能喧宾夺主。一般而言，在开业以前，要确定经营的产品风格，然后决定店面的整体色彩。这些色彩有墙面的色彩、形象板色彩、道具色彩、灯光色彩、门头色彩、形象字色彩、装饰品色彩等。

在某些行业里，人们甚至已经对一些规则心照不宣了，例如餐厅不适合用蓝色，因为蓝色属于冷色调，容易让人产生疏离感，情绪变得消沉，所以饭量也会减少。实际生活中，餐厅最喜欢用的颜色是橙色和白色，这种暖色调的搭配不仅能提升气氛，还会使食物显得更加美味。

音乐影响着每一位顾客的情绪

当我们走在步行街上时，总能听到大大小小的商店播放着各类音乐，步行街几乎形成了一片音乐的海洋。商家希望用这种简单易行的方式吸引消费者，用音乐调动他们的情绪，从而提高销售业绩。不过这种办法并非总是有效，顾客也有可能不喜欢店家播放的音乐。那么店家应该如何取舍呢？

背景音乐影响着每一位顾客的情绪

音乐可以对人类的情绪产生影响，这一点古人早已有所认识，他们甚至将音乐和礼仪放在一起，用以教化百姓，稳定国家。人们总是说中国自古以来就是礼仪之邦，其实应该说中国自古以来就是礼乐之邦。

即便到了现代，人们也没有抛弃音乐对人类情绪的影响。试想一下：上次你去餐厅吃饭时，商家有没有播放背景音乐？是你喜欢的类型吗？你在听音乐的时候感受到快乐了吗？一般而言，餐厅的音乐节奏越快，顾客吃得就越多；餐厅的音乐越舒缓，顾客就越容易放松，获得的体验也更好。

20世纪90年代，查尔斯·阿雷尼做了一个测试，他说服一家酒吧的老板与他共同进行一项研究，分别播放流行音乐和古典音乐排行榜前10的歌曲。结果发现，播放古典音乐时，人们喝酒的速度变慢了，说话也慢条斯理的。播放流行音乐时，人们喝酒的速度提高了一倍，说话时也开始变得大声了。

根据实验结果，查尔斯·阿雷尼向酒吧老板提出了一个建议：顾客较少时，播放一些音量适中、节奏较舒缓的音乐，让顾客更加放松，从而延长停留的时间；当顾客较多时，播放一些音量较大、节奏较快的音乐，促使顾客的情绪达到燃点，进而刺激消费。

不过，音乐也有可能让人的情绪走向负面，乐曲的节奏、音量的大小，都会影响到顾客和销售员的心情。当音乐类型适当、音调合适时，销售员和顾客之间就能避免很多不必要的矛盾。但是在现实生活中，老板和销售员们似乎没有意识到这个问题，他们一味地选择网络热度最高的歌曲，却忽视了顾客群体的特殊性。许多顾客认为：专卖店背景音乐播放音量过大，导致人与人之间交流时不得不提高声贝，使人产生一种急躁感，购物的乐趣也消失了。

选择适合场景的背景音乐

通过上面的例子，我们可以得出结论：选择合适的音乐，可以促进消费。那么如何选择合适的音乐呢?

1. 迎合顾客群体的品位

每家商店在开业之前，都会针对专门的顾客群体进行营销，从商品的选择，到装修的配置，都是为了吸引顾客。因此在选择背景音乐的时候，要考虑顾客群体的品位，选择他们爱听的歌曲。我们可以打开音乐软件，看看每首歌曲下面的评论，通过用户的说话方式和用词，确定他们是哪一类人，然后就可以轻松找到最适合顾客的歌曲了。

2. 选择合适的音量

有的商家将背景音乐的音量调至最大，恨不得让整条街的人都能听到，但是顾客反而被吵得没有心情光顾。背景音乐的音量不宜太大，商家要根据营业场所的性质，调整顾客的情绪。背景音乐应该有专人管理，播放时还应注意音量要适中，忌忽大忽小。一般餐厅会将背景音乐的音量控制在30分贝以内，每次播放背景音乐的时间不宜过长，可以间断播放，以免顾客产生疲惫感。

3. 选择合适的节奏

有些快节奏的营业场所，例如快餐店、甜品店等，顾客停留的时间一般不超过15分钟，就很适合选择快节奏的歌曲；有些慢节奏的营业场所，例如餐厅、咖啡厅等，顾客停留的时间一般不低于30分钟，就应该选择节奏舒缓的歌曲，从而延缓他们对时间流逝的感受。

合理的通道设计时时给人带来惊喜

店铺的通道设计可以用一句简单的话进行概括：顾客喜欢怎么走，通道就怎么设计。一个设计合理的通道，可以让顾客始终情绪高昂，不知疲倦地一直走下去，最终帮助他发现自己想要的商品。这需要设计者对顾客群体的行为习惯有很深的了解。

顾客走路的时候，总是遵守一定的规则

1. 顾客喜欢一直往前走

通常，一个人走路的时候，总是习惯于向前走，因为人无法像螃蟹一样横着走，也很难倒退着走。对于顾客来说也是一样，当顾客在逛街的时候，他们总是一往无前，就像一支行进中的队伍一样。如果不相信的话，你不妨在超市里站上一天，看看超市里的顾客在挑选货物时，脚步朝着哪个方向迈进。

顾客在购物的时候，其实很不喜欢转身，因为转身会让他们的思路被

打断，就像感到短暂的晕眩一样。也正是由于这个原因，商场里的货架总是尽量朝着一个方向延伸，这样一来，商品就能在一个平面上展示出来，而不会让顾客费力地绕来绕去。

2. 大多数人习惯选择右边

我们国家的交通规则是靠右行驶，或许是在长久的走路中养成了习惯，顾客在购物的时候，也总是习惯于选择向右转弯，似乎向右转弯是一件很自然的事，而向左转弯总有点不太自在。商店可以利用顾客的这种行为习惯，把商店的主要经营产品放在顾客进门的右手边，而把那些次要商品放在顾客进门的左手边，这样一来，顾客便会顺着你的心意，不由自主地被吸引过去。

顾客通道的三种设计方式

了解顾客的行为习惯以后，我们便可以对店铺里的顾客通道进行设计。通道的宽度最低应该在80～90cm之间，在这个宽度下，两个人刚好能够擦肩而过，而且还不会撞到对方。目前主流的设计方式主要有三种：直线式、斜线式、自由式。

1. 直线式

直线式布局是把货架和通道排成一条平行的直线，各个通道的宽度基本保持一致。这种摆放方式是最常见的，因为它很容易布局，而且效果又好，能够最大化地利用场地。在一排排的货架中，顾客能够轻易辨别摆放的物品，找到自己想要的东西。当顾客找到商品以后，可以用最短的时间回到收银台，完成结账，整个过程非常短暂。这种方式很适合客流量大的超市。在整个购物过程中，顾客的情绪不会完全放松下来，而是处于一种紧绷的状态，仿佛有人在催促自己前进一样。

2. 斜线式

与排列整齐的直线式布局不同，斜线式布局没有将货架和通道排成一条平行的直线，而是排成了菱形。采用这种布局方式，可以让顾客置身于更多的货架之中，环视一周，就能看到更多的商品。顾客徜徉其中，完全不必担心受到商店方面的压力，所以他们的情绪比较平稳，商店的气氛也比较活跃。但是这种摆放方式，无法像直线式那样充分利用每一个空间。

3. 自由式

如果说直线式布局像左右对称的宫殿，彰显了一种威严的仪式感，那么自由式布局就可以比喻成秀气的江南园林，不被规则限制，体现出错落有致的诗情画意。自由式布局通常利用框架结构，根据使用要求分割空间。顾客在其中行走，每一步都是不同的景色，随时都有可能遇到惊喜。不过，这种布局方式一般比较考验设计者的功力，做得不好的话，顾客很可能连出口都找不到，就更别提购物体验了。

总的来说，任何一种布局方式都有优势，也有一定的弱点，主要是看商店经营的产品种类需要将顾客向何种情绪上引导。在具体施行的过程中，要求店铺不能存在死角，顾客走到任何一个地方，都能有一个出口。如果顾客看到前面是一条死路，就会不知不觉地产生危险感，情绪就会变得紧张起来，不愿再向前走了。

妙用过渡区，减缓顾客的脚步和舒缓他们的情绪

在寸土寸金的商场里，为什么商家要设置大片的过渡区呢？答案很简单，因为商家要把顾客留在商场里。不管店铺的面积有多大，都应该留出一定的面积，当作店铺的过渡区，让顾客能够歇一歇脚，舒缓一下焦躁的情绪。

留出一些过渡区，让顾客有自由的空间

商家希望客人能够像流水线上的产品一样，按照“进店——选货——购物——付款——离店”这五个步骤一刻不停地轮转。但是在现实中，这是不可能的事情，因为它少了一个重要环节，那就是“顾客停留”。顾客往往需要经过长时间的考虑，才会决定是否购买。在比较商品和讨价还价的过程中，顾客会在店铺内来回走动。如果没有预留过渡区，那么整个店铺就会显得异常拥挤，顾客不得不在货架间隔出的通道中不停地走动，很快他们就会厌烦，失去购物的兴致。

过渡区的存在，就是为了让顾客能够在人声嘈杂的商场内，拥有一点宝贵的私人空间。在过渡区内等待的时候，顾客能够将焦躁的内心冷却下来，同时思考一下接下来的打算，如同在大战开始前战场上出现短暂的宁静一样。

有的商家不注重顾客的私人空间，不给顾客考虑的机会，顾客进店以后，销售员立马冲上去迎接顾客，有的甚至从大街上强拉顾客进店，这是不成熟的表现。顾客跟你又不熟，为什么要那么热情？如果一个陌生人急匆匆地向你奔来，脸上露出急不可耐的神情，请问你会感到高兴吗？不会，你只会感到厌恶、恐惧、焦虑，你只想尽快摆脱他，至于店里卖的是什么东西，谁也不会在乎。

这种情况通常发生在小型店铺里，例如酒吧、KTV等，而在大型商场里，很少出现这样的情况。大型商场通常不会要求导购热情地迎接每一位顾客，因为前来购物的人太多，导购不可能一一接待。当顾客进入商场以后，他们拥有足够的自由时间认真观察琳琅满目的商品，整个过程十分惬意。很多人进入商场，并不是为了购物，而只是单纯地喜欢这种自由自在的感觉罢了。

过渡区内应该摆放哪些东西

过渡区的作用是给顾客提供自由空间，缓解顾客焦躁的情绪，所以过渡区实际上发挥了休息区的作用，因此过渡区内摆放的东西应该跟购物区有所区分，让顾客能够感受到环境的变化，意识到自己已经来到了过渡区。

1. 不要在过渡区摆放重要的商品或安排活动

过渡区是用来放松心情的，不是用来购物的，如果在过渡区摆满了商品，那么整个店铺就会显得满满当当，没有一点空闲的地方，这会给人造成一种压迫感。其实摆放商品就像绘画一样，讲究空间感和层次感，有些地方用于摆放商品，有些地方用于留白。很显然，过渡区就是画面中的留白区域。对过渡区的设置和利用，能充分显示出设计人员的水平。

2. 在过渡区内向顾客展示广告

在过渡区内展示广告，主要有两个作用，第一个作用是宣传商品，让顾客能够更直观地发现商店里的特色物品和促销信息，这些作用是商品本身无法发挥的。第二个作用则是造成差异化的美感，商店内的其他地方都用来摆放商品了，顾客早就看累了，此时看到宣传广告，会产生一种新奇的感觉，通过这种方式，能够有效缓解购物疲劳。

3. 可以在过渡区内提供一些购物筐

在过渡区内摆放一些购物筐、购物车、购物指示图等，也是一个不错的办法。这可以让顾客少走冤枉路，更方便购物。我们会看到很多超市的购物筐和购物车的摆放存在一些问题，要么摆放在入口处，进门时随手一拿，倒也还算合理，要么直接摆放在室外，室内却没有。有时顾客进门的时候忘了拿购物筐或购物车，等到进店以后，才感到“手不够用”，急需购物筐，但是他们手里塞满了物品，无法越过收银台走到室外拿购物筐，这给顾客带来了无尽的烦恼。因此，在过渡区内摆放一些购物筐，既不会占用过多的空间，又能向顾客提供便利。

第六章
利用微表情“密码”破译顾客的情绪

读懂顾客的心思，知道他们在想什么，他们的情绪是开心还是愤怒，实在是一件难事。也正因为如此，利用微表情读懂顾客的情绪才显得难能可贵。在微表情面前，顾客没有任何秘密可言，他们的小情绪会通过种种迹象暴露出来。作为一名合格的销售员，应当对微表情有所研究，否则，再多的沟通也是枉费心机。

面部微表情是顾客的内心独白

顾客在购物的时候，总是试图掩饰自己的情绪，希望以此迷惑销售员，隐藏自己的真实意图，为随后而来的砍价做准备。但是微表情心理学的横空出世，让掩饰情绪的难度变高了。作为一名销售员，你非常有必要对此有所了解，通过顾客转瞬即逝的面部微表情，判断出顾客的真实情绪。

面部微表情将顾客的真实情绪展露无遗

人们常常“吐槽”销售员喜欢以貌取人，其实对于一个成熟的销售员而言，需要关注的并不是顾客的穿着，而是顾客的表情。销售员热情地对待每一位光临的顾客，仔细地观察顾客表情的变化，从而抓住顾客的真实情绪，这是生意成交的基础。

张先生走进了一家玩具店，他的儿子贝贝蹦蹦跳跳地跟在后面。刚一进门，销售员小刘就热情地迎了上去。“早上好，二位！”小刘像往常一样，熟练地说着接待的话语，“小朋友，你喜欢什么样的玩具呀？娃娃还是小汽车？”

张先生显然没有这样的热情，他平淡地说：“我们随便看看。”但是小家伙看到满屋子的玩具时，脸上的笑容就像一朵绽开的鲜花。贝贝冲着汽车玩具跑过去，深吸一口气，眼睛瞪得大大的。

看到父子二人的表情，小刘知道，这笔生意肯定能够成交。

在购物的过程中，顾客很少对销售员坦诚相待，他们不会把心里的想法和盘托出。因此，观察顾客的面部表情，了解顾客的真实情绪，这是销售员的必修课。在心理学上，这叫“非语言交流”。

面部微表情可以将人的内心情感通通显示出来。美国心理学家保罗·艾克曼是微表情研究领域的专家，根据他的统计，人的面部表情大约有5000多种，分别代表了不同的心态。这听起来似乎很不可思议，谁也无法将5000多种表情一一辨识出来，更不要说记住了。

商场内最常见的七种表情

微表情研究者常说的一句话就是“表情是情绪的晴雨表，通过表情，可以观察到与我们交谈的人言语之外的反应”。生活中的大多数人并没有接受过专业的训练，因此他们掩饰情绪的方式并不高明，他们的情绪就写在脸上。眉飞色舞、喜笑颜开，说明他们对某件商品产生了浓厚的兴趣；左顾右盼、接连叹气，说明他们对销售员的推荐完全不感兴趣，正想着如何摆脱。

销售员主要应该记住至少七种表情，这些是最常见的表情，也是最具有代表性的：

1. 高兴

高兴是一种非常激烈的情绪，人在高兴的时候，通常很难掩饰，甚至在严肃的场合下，也会忍不住笑出声来。面部表情包括：嘴角翘起，嘴唇肌肉绷紧，面颊产生皱纹，眼睑收缩，眼角会形成“鱼尾纹”。

2. 伤心

人在伤心的时候，情绪会变得消沉，容易沉浸在自己的世界里，很难对外界事物感兴趣。面部表情表现为：眼皮下垂，眉头紧锁，眉毛收紧，嘴角下拉，下巴抬起或收紧。

3. 害怕

人在害怕的时候，注意力会高度集中，防御心加强，面部表情表现为：嘴巴张开，眉毛上扬，鼻孔张大。

4. 愤怒

人在愤怒的时候，面部表情表现为：眉毛下垂，前额的皮肤紧皱，眼睑和嘴唇收紧，青筋暴露，紧咬牙齿。

5. 厌恶

人在产生厌恶情绪的时候，面部表情表现为：用鼻子吭气，上嘴唇上抬，眉毛下垂，眯眼。

6. 惊讶

人在惊讶的时候，面部表情表现为：下颚下垂，嘴唇和嘴巴放松，眼睛张大，眼睑和眉毛微抬。

7. 轻蔑

人在轻蔑他人的时候，面部表情表现为：嘴角一侧抬起，呈讥笑或得意的样子。

要想将微表情应用于生活中，需要经过长期的观察练习，因为微表情不易观察，容易辨认错。在不同人身上，微表情有细小的差异，比如性别、年龄、文化层次不同的人，可能会对同样一件事情产生不同的情绪，而且表现方式也不尽相同。

笑容是窥探顾客心理的一扇窗

进入培训的第一天，讲师就会告诉销售员，面对顾客时要时刻保持微笑，因为销售员的职责就是让顾客也露出笑容，开开心心地完成交易。但是顾客的笑容并非总是意味着好事，笑容也有很多种，开心的笑、轻蔑的笑、威胁的笑、苦涩的笑……必须一一区分，避免陷入误区。

笑容是顾客用来防卫自己的武器

在生活中，人们总是被告诫，在交谈中要用微笑示人，这是做人的基本礼貌。因此人们都学会了用笑容武装自己，当他们露出微笑时，内心或许正在嘲笑对方。笑容的背后不一定就是愉悦的心情，因为笑的种类太多了，不同的笑代表着不同的情绪。销售员必须清醒地认识到这一点，不要看到顾客微笑，就以为离成交不远了。

就拿微笑来说，顾客的微笑至少有10种，有表示信任的微笑，有感到幸福的微笑，有敬佩对方的微笑，有亲近友爱的微笑，有讨好对方的微笑，有挑逗性的微笑，有内心苦涩的微笑，有无奈的微笑，也有礼节性的微笑，还有虚情假意的微笑。

想要通过微表情判断顾客的情绪，应该秉持谨慎的态度。我们经常可以看到，有的销售员过于自信，认为自己可以搞定面前的顾客，谁知道顾客只是微笑，却坚决不肯买单。要知道，想要了解顾客的心理，促成交易完成，不能凭借一个小小的细节，就盲目认为自己已经搞定顾客了。因为一个人脸上的表情大多都是一瞬间的，人的情绪是千变万化的，而笑容仅仅是面部表情的一个方面。可以说，每种表情的背后，都代表了顾客不同的情绪，你能够分辨出来吗？

因此，让顾客露出笑容，只是销售工作的第一步而已，后面要做的还有很多。让顾客露出笑容，表示顾客的心中没有过于强烈的负面情绪，这对于展开后续工作十分有利。

笑容最具有欺骗性

人们通过笑容向对方示好，用笑容“麻痹”对方，没人会用咬紧牙关或龇牙咧嘴的表情向对方示好，所以笑容是最具有欺骗性的表情。

通常而言，发自内心的笑容是真诚的，即便对方哈哈大笑，笑得俯首弯腰、捧腹不止，他们的精神层面依然是非常放松的状态。做出笑容会将人体的很多肌肉牵涉其中，因此笑容最容易被人们发现，变化程度之大超过了其他表情。如果笑的时候只有嘴部有动作，眼睛周围的肌肉却没有变化，基本可以判定这不是情绪引发的笑，而是假笑。人在任何时候都可以挤出笑容，但是在心情忧郁的时候，眯着眼睛露出真诚笑容的难度，比刻意哭泣的难度还要大。

顾客的笑，一般有以下几种方式：

1. 开怀大笑

顾客如果开怀大笑，真笑的可能性更大，至少说明他们此刻的情绪波动性不大。仔细观察他们的面部表情，会发现他们嘴巴张开，下巴低垂，嘴角上扬，给人一种十分欢乐的感觉。在顾客这个大群体中，心理正常的人占大多数，很少有心理异常的。就算顾客不开心，也不会费这么大的劲去假装大笑，要知道，假装开怀大笑是有难度的，不信你自己试一试，看看刻意装出来的大笑有多么的假。

2. 抿唇微笑

和开怀大笑相比，这种笑容的技术难度较低，因此最容易表现出来。当你在说话时，顾客时不时地露出微笑，同时双唇紧闭着，那就意味着顾客的心情并没有那么好，他不愿与你分享心里的秘密。换句话说，你是个外人，他在防备你。这时你最好注意一下言谈的分寸，不要招致顾客的反感。

3. 一边脸笑

所谓的一边脸笑，就是一边脸的表情较为夸张，而另一边却很平静，整个笑容呈现为一种扭曲的状态。如果把顾客的脸遮住一边，只露出不笑的那一边，你就会发现那看起来根本不是开心的表情，而更像是愤怒、轻蔑和嘲笑的表情。这种笑脸传递的信息只有一个——顾客很不喜欢你。面对这种笑脸，销售员最好进入防御状态，冷静地介绍产品，不要等到顾客发飙，用愤怒的表现打断你的热情。

点头未必是认可，摇头肯定是拒绝

通常，人们用点头表示自己的满意，用摇头传达自己的不满。然而，一旦他们进入商店之后，便不会再像往常一样坦诚了，而是试图掩盖自己的真实意图，销售员必须对此加以辨别。

点头不一定是认同，也可能是在敷衍

销售员可能遇见过这样的顾客：无论你说什么，他都默默点头，一言不发，等你说得口干舌燥，无力开口的时候，他仍然没有任何反应。你觉得自己说得足够清楚了，于是劝他下单，他的神情突然变得尴尬了起来，他吞吞吐吐地说："那个……其实我还没有想好，你再给我点时间考虑考虑吧。"

你感到非常不解，仿佛一切的努力都没有意义，明明已经获得了顾客的认同，为什么最后却功亏一篑呢？其实，根本原因在于你的认识出了问题。顾客虽然在点头，但是他的内心并不认同你的观点，不过是在敷衍你

而已，为的是给你保留一丝情面。事情的真相是，你的长篇大论对他而言就如同嚼蜡一样没有滋味。

在成年人的世界里，微笑、点头或许只是职业习惯而已，和内心的真实想法没有直接关联。

那么，如何判断顾客频频点头是否是在故意敷衍你呢？其实并不难，你只需要突然停下，然后问他们对商品的感觉如何，有什么想法等，他们就会如梦方醒。在生活中，有的人或许真的觉得你说得很有道理，当你把话说完了，他们还没有将所有信息消化完毕，在这一刻，他们的心里很没有底，面对你的突然发问，脑海里一片空白，给不出任何答案。

频频点头，其实代表的是心里的怯懦，这类顾客通常性格温和，不愿主动打断销售员们自我感觉良好的演讲。他们从一开始就缺乏足够的动力，因为这并不是他们真正想买的东西，只是出于一时心软，才没有立即制止销售员罢了。因此，遇到这样的顾客，你就不要寄太大的希望了，要把期望值降低一点。

顾客在不经意间轻轻摇头，心里其实在说“不”

刻意为之的频频点头不一定代表认可，相反，顾客在不经意间的轻轻摇头，却很有可能是内心的真实写照。与点头一样，摇头的含义也是广泛而一致的，只有在一些特殊的文化里才表示肯定的含义。科学家们则认为，摇头是人们降临人世后学会的第一个动作。一个刚刚出生的婴儿，还没有意识到点头的作用，却已经有摇头的本能了。如果婴儿吃饱了，就会将头偏向一边，这就表明他在拒绝哺乳。

在销售过程中，顾客也有可能无意识地轻轻摇头，就像很多人习惯性地唉声叹气一样。当你问他们有什么不满意的地方时，他们矢口否认，其实心里已经有了不满的情绪。例如，顾客一边和销售员握手，一边轻轻地摇头，同时露出微笑，嘴上却说："我觉得你推荐的产品太棒了，我很喜欢。"不管他们说得多么好听，或者付款时有多么爽快，他们的心里却始终有一丝不满。所以，在和顾客说话的时候，销售员要擦亮自己的双眼，注意客户在不经意间流露出的细节，因为这些细节已经将客户内心的情绪暴露了出来。

解读顾客口头禅的弦外之音

有的顾客性格开朗，口才又好，购物时比销售员还能说；有的顾客性格随和，心里想什么，嘴上就说什么；也有的顾客性格腼腆，面对销售员半天说不出一句话……其实，顾客都有独特的说话习惯，他们的口头禅已经反映了他们的心理状态和性格特征。

顾客总说“太贵了”，其实花钱最频繁

销售员最不想听到的词语或许就是“太贵了”。简简单单的三个字，从顾客嘴里说出来，就像一颗小型炸弹，让销售员头痛不已。

其实，嫌货人才是买货人。顾客嘴上说着“太贵了”，心里想的却是“能不能再便宜一点”。把“太贵了”当成口头禅的顾客，通常都有一个特点，那就是他们看到什么东西都想砍价。他们甚至没有认真地看一眼产品，上来就说“太贵了”。这是他们一贯的作风，也是他们最大的乐趣。

砍价意味着什么？意味着顾客已经在认真地观赏手中的商品了。为了

尽量把价格压低，他们会用非常认真的态度，把商品拿在手里，认认真真地观察，试图从中找出所有的缺点。不过，顾客在寻找缺点的同时，已经将优点尽数看在眼里了。他们在和销售员砍价的过程中，其实也在对商品进行评判，内心在估量着："这件东西值不值这个价呢？"

所以说，嫌货人才是买货人，喜欢砍价的，更容易对商品动心，产生购买欲望，而那些不喜欢砍价的人，通常有着极强的规划，要买什么，价格多少，从哪购买等问题，他们早已想好了，他们只会买这些计划中的东西，对计划外的东西，他们不关注，自然也不会去砍价了。

面对喜欢砍价的顾客，不要感到不耐烦，要把他们当作潜在客户。顾客说"太贵了"，销售员应该说"一点都不贵，这件产品完全对得起这个价"，然后想办法让顾客的注意力转移到产品的价值上，比如产品的设计、质量、实用性等，让顾客明白它为什么贵。

顾客的口头禅，就是他们的性格标签

对于销售员来说，通过顾客的口头禅判断其性格特征，揣摩顾客心中的情绪，是一门非常值得学习的课程。当顾客的情绪发生变化时，就会通过口头禅表现出来。

1. 急躁型顾客

当一个人内心急躁的时候，就会说出一些肯定性的言语，比如"老实说""说真的""不骗你""一定会"……他们的眼神也会变得坚毅，他们会很认真地看着你，因为他们担心别人产生误解，所以要用这一类的话语郑重表示。面对这类顾客，销售员要稳定他们的情绪，给予肯定性的正面回

应，“您说得很对”“我绝对相信您”，这些都是他们希望听到的。

2. 理智型顾客

这类顾客的头脑比较冷静，遇到问题的时候，会从多个方面去考虑。看到一把梳子，他不会觉得梳子好看就买下来，而是会仔细分析梳子的材质是否会产生静电，价格是否在可承受范围之内，形状是否便于把握等。他们的口头禅通常有“可能”“应该”“或许”等不确定性的词语，这表示他们正在考虑，而且情绪非常平稳。对这类顾客，销售员最好少说空话，多说点实际性的东西，少给对方挑刺的机会。

3. 犹豫型顾客

顾客流露出犹豫的情绪时，说明产品对他们的吸引力还不够强大，他们对接下来可能发生的事情充满了疑虑，却又不好直接说出来。很多时候，他们用“啊”“呀”“嗯”作为回应，言语非常简短，不对销售员做出任何承诺。如果想和这类顾客长久做生意，销售员不必急于催促他们，而应把产品的优点摆在他们面前，然后给他们一些考虑的时间。只有表现出这种真诚的态度，才能赢得他们的支持。

4. 虚荣型顾客

这类顾客喜欢接触新奇的事物和新奇的概念，听到销售员的介绍后，他们觉得自己不该被销售员看轻，于是说“这个我也懂”“我早就知道了”。针对这类顾客，销售员应当多听多问少表态，多夸夸对方，让顾客放松警惕，不露声色地摸清顾客的底线，成功率就会大大提高。

眉毛会泄露顾客内心的小秘密

眉毛在微表情中的作用似乎不那么明显，就像巨人身旁的小个子。其实，眉毛的作用很大，我们可以通过一个人的眉毛看出他的性格，也可以通过眉毛的变化察觉他的情绪变化。

眉毛是人们的性格标签

看到一个人的眉毛，我们可以对他的性格特征进行分类。长眉、短眉、细眉、粗眉，不同的眉毛，会让人产生完全不同的心理感受。

古人对眉毛非常看重，认为眉毛是眼睛的重要点缀物。眉毛秀长、浓度适中的人，一般比较聪敏。而眉毛较短、较粗，且蓬乱的人，一般不好相处。

人们一般从以下几个方面对眉毛进行分类：

1. 长短程度

眉毛修长的人通常很美，比较容易亲近，即便闹矛盾了，也更容易和好。这类人大多性情温和，不轻易发脾气，凡事都好商量，不过他们容易多愁善感，有种不食人间烟火的气质。

眉毛短的人则恰好相反，他们比较严肃，不轻易向人妥协。他们的情绪变化快，就像跳跃的火花，容易和人发生争吵，但是很少把关系闹僵。

2. 浓密程度

浓眉毛的人个性刚强，性情固执，自我意识比较强，一旦认定了一件商品，就不会再听销售员的意见了。这类人通常心机不深，性情率直，只要认真服务，很容易将他们发展为熟客。

淡眉毛的人通常缺乏魄力，反应不敏捷，心思也简单，性格较为随和，不容易发脾气，却有着坚韧的意志。

3. 粗细程度

浓眉大眼的人看上去很精神，做事积极，有男子汉的气概，当然，这种人在处事上也极易冲动。

眉毛较细的人则刚好相反，通常更具有女性柔弱的气质，个性略显消极，遇事优柔寡断。

眉毛一动，情绪肯定也在动

人的眼睛可以轻易转动，但是眉毛很少变动，一旦发生变化，情绪肯定也在变化，很多精明的销售员能够在第一次见面时，通过观察眉毛，就将顾客的情绪变化猜个八九不离十。

1. 皱眉

当一个人眉头紧锁的时候，他的内心肯定不愉快。其中的原因有很多：当顾客对销售员所说的话感到困惑不解，或者持否定态度的时候，就会情不自禁地皱起眉头；如果顾客感到受侵犯、心生不满时，也会皱起眉头。

2. 眉毛抬高

出现这种表情，说明顾客对销售员所说的话完全没有心理准备，觉得不敢相信。这时顾客的情绪变化较大，销售员应当进行下一步操作了，比如推荐顾客购买该产品。

3. 眉毛降低

当顾客的眉眼下垂，持续很长时间的时候，通常说明他们很不理解销售员刚才的表现。如果眉毛完全放下，则是表示顾客心里很不开心，已经快要到发怒的边缘了。见到这种眉毛时，销售员最好不要去惹他，否则只会给自己带来麻烦。

4. 眉毛上下耸动

眉毛上下耸动，同时嘴角向下一撇，而脸上其他部位却没有什么明显的变化，这表示顾客感到无奈，或者是对销售员所说的话不置可否。如果眉毛上下耸动，同时嘴角有笑容的话，通常是一种挑逗的表现，目的是要让你赞同他的观点。

有关鼻子的动作最少，却最容易暴露情绪

在人体的五官中，鼻子位于最中间的位置，变化比较少，只有屈指可数的几套“语言”而已。虽然有关鼻子的动作比较少，但看上去十分明显，很难伪装，是借以观察顾客情绪的有效途径。

鼻子的变化也能表达出内心的情绪

童话故事里有一个可爱的小木偶，名叫匹诺曹，他每次撒谎，鼻子都会变长。而在现代，人们会根据鼻子的变化判断一个人的情绪变化。有关鼻子的动作很少，能够传递的信息虽然远远不如眼睛和嘴巴丰富，却在关键时刻能向我们提供有用的信息。

1. 鼻头冒汗

人的鼻子虽然不像额头那样爱出汗，但是鼻子上同样有发达的汗腺。如果天气不是很热，而顾客却出现鼻头冒汗的情况，一般表明对方的心里正处于异常紧张的状态。或许当时他正对着一件商品爱不释手，却又喜欢

另一件商品，感到难以取舍。或许他的钱不够，不足以买下自己喜欢的东西。又或许他的心里非常焦急，急于从销售员手中买下商品，因为焦急紧张，才有了鼻头冒汗的现象。

2. 鼻孔张大

鼻孔张大，说明顾客的情绪比较激动，他们已经无法再将情绪压制在内心，所以通过面部表情表现出来。如果在交谈的过程中，顾客的鼻子稍微胀大，一般表示他对销售员所说的话感到不满。

3. 皱鼻子

皱鼻子一般是厌恶的表现，就像我们闻到臭味时，也会用力皱鼻子，同时屏住呼吸，试图将臭味阻挡在外一样。当顾客因你说的话而感到不高兴的时候，他也会做出同样的反应。

摸鼻子可能是说谎，也可能只是挠痒而已

当一个人说谎的时候，会觉得鼻子痒痒，于是不由自主地摸一下自己的鼻子。有人从医学角度出发，对这一现象进行了分析，认为当人们撒谎时，内心会产生焦虑感，情绪处于紧张状态，导致鼻子部位的血液流量增大，而使之略微膨胀，鼻腔组织充血，出现异样的感觉，就像略微发痒一样。因此，“撒谎时鼻子会变长”的童话故事并不是毫无根据的。

不过，摸鼻子不代表对方一定在说谎，因为摸鼻子这个动作实在太平常了，单凭这一点，无法判定对方在撒谎。要注意这是不是下意识的反应，不要生硬地照搬微表情教条。有的人甚至养成了摸鼻子的习惯，这不能判定他就是在说谎，比如鼻炎患者可能就有摸鼻子的习惯。如果生硬地

照搬教条，那就会得出所有鼻炎患者都爱撒谎的结论，岂不是太荒谬了？

那么销售员怎样区分其中的差别呢？如何判断顾客是在撒谎，还是单纯地在挠痒呢？因鼻子不舒服而挠鼻子时会非常用力，但因撒谎而触碰鼻子的动作就会非常柔和，一般是用手在鼻子的下沿很快地摩擦几下，甚至只是轻轻碰一下，或者用衣袖快速地擦一下，几乎令人难以察觉。此外，后者的动作看起来很优雅，并且常常伴随着其他动作，如交叉双臂、身体动来动去或者眨眼睛等，试图掩饰自己摸鼻子的动作，结果却做出了更多的动作，看起来反而更不自然了。

看到顾客在摸鼻子，如果可以判定顾客并没有什么身体不舒服的地方，鼻子不红不肿，甚至在摸了鼻子以后，也没有任何红的地方，鼻子上也没有出汗，就有很大的概率能够确定顾客在掩饰什么了。关键的问题不是顾客在掩饰，而是顾客为什么会掩饰，是因为他对销售员不信任，所以防备心太强，还是顾客的性格一向如此，抑或是销售员做了什么事情让他感到不满意了呢？

嘴部小动作展示各种情绪

人们用嘴巴说话，有时难免言不由衷，但是嘴巴不经意间的动作，却将内心的情绪暴露无遗。心理学家指出，人们在交流的时候，嘴部动作可谓丰富多样。例如以手掩嘴表示吃惊，突然用手遮挡嘴巴表示情绪的突然变化，包括吃惊、害羞等。

祸从口出，情绪由嘴角表现出来

嘴巴最大的作用是进食，使食物为身体提供营养；第二是说话，使人与人之间的交流更加方便；第三便是表达情绪，一张一翕间，内心的变化就都显露出来了。人的面部表情可以大致分为上下两部分，上半部分主要是靠眉毛、额头与眼睛表现出来，而下半部分则是靠嘴巴、舌头、下巴、鼻子等体现出来。相比于面部的其他部位，嘴巴发挥的作用最大。因为嘴巴发出的声音，以及嘴巴的变化，配合起来能最丰富地表现一个人的心理。

嘴巴的状态主要有两种，一种是张开，另一种是闭合，此外还有其他一些小动作，如抿紧、放松等。而这些动作代表了不同的情绪，据研究显示，人在流露出鄙视情绪的时候，嘴角会向下撇；出现惊愕情绪时，会张大嘴巴，舌头打结，说不出话来；在忍耐的时候，会紧咬下唇；开心的时候，嘴角往往会上翘；特别生气的时候，嘴唇会发抖；等等。

嘴巴可以单独展示情绪，也可以和其他面部器官合作，将表情表现得更丰富，从而表达出更多的情绪。例如，嘴角向后咧，面部肌肉上移，眼睛变细等，说明心情愉快；相反，嘴角下垂，面部肌肉下移，眉毛紧皱，则表明心情糟糕。

观察嘴部动作，快速掌握顾客的情绪

1. 紧张

当顾客紧张时，他们会轻轻地舔嘴唇，双眼紧紧地盯着某一个方向，整个人看上去就像一根紧绷着的弹簧。此时，顾客正在试图用力压制心里的情绪波动，一些简单愉快的话题可以使他放松下来。

2. 尴尬

有时，顾客在面对销售员的过程中，会由于某些失误而变得尴尬，典型动作就是眼神闪躲，或者吐舌头，表明他正在为自己说了不合时宜的话而感到愧疚，也许是被销售员揭穿了心思而感到害羞。

3. 失望

顾客在失望的时候，通常都会叹气，眼神中流露出不满的情绪。但是叹气终归太明显了，会使人瞬间察觉到他们的失落情绪。为了掩饰自己的

失望，顾客有时也会鼓起腮帮，或者向上吹气，此时他们很想叹气，但还是忍住了。

4. 怀疑

如果顾客总是往上撇嘴唇，或者轻咬上嘴唇，就表明他对销售员所说的话表示怀疑。这时应给出确定的答案，让他相信你。

5. 生气

当一个人的情绪处于愤怒之中时，他的嘴唇会向上翘，鼻子附近的肌肉也会向上抬，整个嘴巴向上拱成月牙形，同时眼神凌厉，眼角向下。当顾客出现这种表情的时候，销售员要尽快找到顾客生气的原因，并加以解释，以免顾客会有误会或者产生心结。

6. 紧张

当一个人处于紧张状态，想要掩饰内心的真实想法时，通常会用手触摸嘴巴附近，有时则直接捂住嘴巴，此类人大多内向，不善言谈。销售员遇到这样的顾客还是比较开心的，因为这类人的情绪通常比较稳定，不会突然发难。

7. 犹豫

当顾客处于犹豫之中时，有时会轻轻地咬嘴唇，同时眼睛紧紧地盯着销售员。这表明他在观察和分析销售员所说的话，并且认真思索商品的优点和缺点，以便做出对自己有利的判断。此类人思维敏捷，分析能力强，销售员应当注意隐藏自己的真实意图，不要过早地暴露出来。

手的状态是顾客情绪的直观体现

有人说，人之所以区别于其他动物，能够创造出瑰丽绚烂的文明社会，其根源在于人对双手的利用程度较高，可以使用工具。其实，手不仅能够用来干活，还能将人的情绪用直观的方式体现出来。例如，初次见面时，人们会用适中的力度相互握手，以此传递善意；感到佩服时，人们会竖起大拇指，以此表示敬佩；感到愤怒时，人们会握紧拳头，轻微发抖。

双手的状态将情绪全部表现出来

通常，我们把手放在身体正面，要么自然放下，要么抱在胸前，要么揣在口袋里，很少紧绷着手臂放在背部。所以，手的状态很容易被人发现。

双手的动作也可以成为情绪的注释，成功人士在演讲的时候，都会充分地利用自己的双手，做出各种各样的姿势。这些手势可以把演讲者的情绪传达给在场的听众，从而提升效果。例如，演讲者在谈到啤酒肚的时候，双手环抱在腹部，做出大腹便便的样子，完全符合人们心中对啤酒肚的认知，这种模拟手势的信息含量很大，有一定的夸张色彩，所以很容易获得听众的共鸣。

对于销售员来说，观察顾客的手势，也有助于判断顾客的情绪。除了面部表情以外，手势是最能表达顾客情绪的部分了。在购物的时候，有的顾客用双手不停地翻看商品，这表明他们的情绪比较活跃；有的顾客气定神闲，没有碰一件商品，这说明他们对这些商品不感兴趣；也有的人把西服穿得像休闲装一样，将双手背在身后，不看商品，而是一直盯着在商场内走来走去的销售员看，说明他们可能是主管，或者是老板……

想知道顾客的情绪，就看看他们的双手

在谈话的时候，销售员要注意观察顾客的各种手势，因为他们的真实情绪就隐藏在其中，而这通常是他们不会注意的地方。

1. 紧握双手

紧紧握着双手的时候，人们是非常拘谨的。无论他们把握紧的拳头放在哪里，如握拳撑住脸庞，或者将拳头横在腹部，或者干脆将两只手紧紧握在一起，他们的内心情绪都是很接近的。因为人在紧张的时候，会不自觉地把压力传导到手上，使手紧紧地握着。

2. 尖塔形手势

将左手和右手的手指分别一一相对，大拇指朝下，其余手指朝上，搭成一个类似于尖塔的形状。这种手势经常在电影中出现，通常是一个穿着黑色衣服的中年或老年男子摆出这种手势，眼神凌厉地看着前方。当他们

做出这种手势的时候，潜台词已经非常明显了："你敢惹我试试？"顾客有时也会摆出这种手势，这说明他们非常自信，情绪激昂。

3. 托盘式手势

一只手包着另一只手，微微握拳，托着下巴，就像托举着一个托盘一样。这个动作没有什么不好的地方，也没有传达出负面情绪，只是说明他在非常认真地对待你。至于他是非常认真地欣赏你，还是非常认真地鄙视你，就要结合对方的眼神来判断了。

4. 十指交叉

一个人十指交叉，表明他的情绪依然很平稳。最常见的姿势是十指交叉，双手放在桌上，神色轻松地看着对方。有的人也喜欢将十指交叉的双手放在胸前，这是习惯的问题。表明他对某件事情持保留态度，或者说他并不完全同意交谈者的观点。但从总体上看，它同十指紧握不同，使人仍处在平和的氛围中。所以，在做出这一动作时，人们的面部表情仍多是带着微笑的，处于较为轻松的状态。

5. 搓手

有时，销售员向顾客讲解完毕之后，顾客没有说什么，却用力地搓了搓手，让销售员感到莫名其妙，其实这表明了顾客对产品很感兴趣，同时又有点紧张。搓手的时候，我们会感受到热量，这股热量能够带给人们力量感。如果顾客搓手的力度不大，速度也不快，而是慢慢地搓手，并且揉捏手背的话，就表明他们有点犹豫了。

6. 将手背在身后

双手相握，背在身后，同时昂首挺胸，这是一种充满自信的姿势。在这种姿势下，人的面部会暴露在阳光下，胸口也失去了双手的保护，这是勇敢者才会做出的姿势。在影视剧中，我们会从一些帝王、官员、将军等人身上看到这种姿势，例如《悲惨世界》中的沙威警长，《亮剑》中的李云龙。这类人有着极强的信念和原则，在涉及原则的问题上，决不会轻易妥协。

有时，他们将双手背在身后，同时用力握紧手腕或手臂，这是控制心强，力图把所有的情况都掌控在自己手中的表现。

坐姿端正，情绪也不会太差

在与他人交谈的时候，很少有人会注意腿脚的动作，似乎腿脚没有什么值得探讨的地方。其实，在身体语言学中，腿脚动作中蕴含的意义非常值得探讨。

腿脚“说话”最实诚

虽然腿和脚位于人体的最下端，又被裤子和鞋子遮挡住了，但是这并不妨碍我们观察腿脚，以及体会腿脚动作中蕴含的意义。实际上，无论是坐着还是站着，腿脚的姿势都很容易被看见，它们所传达的信息也清晰明了。例如，在商店里，有的顾客坐在凳子上，脸上毫无表情，脚尖却在急促地拍打地板，此时此刻，他们的心里也像脚尖一样七上八下的，焦急得不行。科学家认为，腿脚的状态可以表达一个人的想法和个性。有的人喜欢通过做某些腿脚的动作释放心理压力，因为腿脚最不容易引人注目。

微表情专家保罗·埃克曼曾经指出，那些能够遮挡下半身的工作台让工作人员感到更舒适，他们能够利用办公桌隐藏身体的下半身，避免下半身的状态被人看到。相比之下，透明办公台会给人们造成更大的压力，原因就是腿脚暴露在外，没有隐藏的空间。当一个人的情绪出现波动的时候，腿脚也会做出相应的动作，变得不那么自然。

因此，销售员在与顾客聊天的时候，可以注意观察一下顾客的腿脚是什么姿势，从而推测他们现在处于何种情绪之中。如果拿不准对方是否在欺骗你，不妨低头看看他的双脚，因为腿脚“说话”更实诚。但是不要刻意地盯着顾客的腿脚，这会让顾客感到很奇怪。

腿部动作会泄密

（1）抖动腿部——心绪不宁的表现

很多人喜欢抖腿，有时候跷着二郎腿，用脚尖轻轻拍打桌腿或者其他东西。这是一种很不好的习惯，因为它会给人造成一种情绪焦躁的印象。一位心理学家指出，抖腿的本意是防止血液流动停滞，缓解长时间站立或者保持坐姿而产生的疲劳感。当人们感到心绪不宁的时候，下意识地抖动身体，就可以让身体机能处于活跃状态。通常，这是无聊和厌烦情绪的表现，说明顾客对你说的东西并不是很感兴趣，也没有认真对待，至少还没有产生购买的欲望，他们只是把你的演说当成一场表演而已。要想说服他们，你还需要做更多。

（2）用手扳腿——表示不相信和怀疑

有时，顾客坐在椅子上，跷着二郎腿，神情非常轻松，同时十指交叉，双手放在膝盖上。这说明他并不相信你所说的话，他坚定地认为自己才是对的，对你的分析并不看好，也不喜欢。

（3）双腿叉开——自信、骄傲的表现

由于生理和心理上的原因，男性一般更喜欢这种动作，因为它让自己感到放松，没有任何压力，也不用在乎别人的眼光。这是一个传达支配意图的动作，属于非常典型的男性身体语言。该动作使人显得很有自信，表示不在乎别人的看法，也不在乎别人有什么打算。他们骄傲地将身体舒展开，怀着自信，听着销售员充满激情的演讲，仿佛将军正在听从新兵的汇报一样。

（4）双腿交叉——表示保守和戒备状态

和双腿叉开正好相反，这个姿势是典型的女性身体语言，表明拒绝他人的轻易靠近，戒备心很强。这个姿势不仅传达出消极的情绪，还让一个人显得缺乏安全感。

（5）腿脚靠近——表示亲近和信任

当我们对一个人充满戒心的时候，我们会怎么做？肯定是和他保持距离，这也是顾客普遍对拉客行为异常讨厌的原因，因为顾客跟这些销售员并不熟，对他们怀有戒心，此时强行拉拢他们，只会让他们更反感。相反，如果顾客在说话的过程中主动向销售员靠近了一点，就表明他们对销售员的戒心不是很强。

第七章
见机行事，及时调节顾客的情绪

对一名销售员来说，迎接顾客的怒火是必经的一关，过不了这一关，就无法在销售的道路上走得长远。拥有良好的心态、一定的自信以及情绪管理能力，是优秀的销售人员的必备素质。

要调节顾客的情绪，先调节自己的情绪

在工作过程中，难免会有一些顾客情绪失控，在商场内大吵大闹，无论销售员说什么，都不能平息他们心中的怒火。如果销售员和顾客针锋相对，你一言我一语地吵起来，只会使场面一发不可收拾。因此，在面对顾客的时候，销售员应当首先调节好自己的情绪。

拥有良好的心态是成功的必备素质

丘吉尔说："若想以情动人，必先充满感情。若想催人泪下，必先自己流泪。若想使他人信服，必先相信自己。"

销售是和人打交道的工作，准确地说是和顾客打交道的工作。一个刚刚从事销售工作的新人，可能年轻气盛，还对生活抱有不切实际的幻想，活在理想之中，认为销售员和顾客应该像朋友一样，大家和气生财。但是顾客和销售员天生就是"敌人"和"对手"，平等的关系需要彼此经过长时间的磨合才能得到。在此过程中，销售员基本学会拥有了良好的心态，

面对情绪激动的顾客，心中不再慌乱，而是懂得采取措施，让顾客平静下来。有了良好的心态以后，属于自己的美好前程才会如同画卷一般逐渐展开。

在消费者的意识中，顾客就是上帝，而销售员是求着上帝赐予订单和生意的凡人。很多公司都用这一套观念去教育自己的员工，于是销售员也用这样的逻辑说服自己。顾客还没有开口，销售员就已经抢先妥协投降了，剩下要做的和乞求顾客简直没什么两样，恨不得跪倒在地，只求顾客赏脸，买点东西。

其实这个世界上还有很多种销售观念，顾客和销售员之间也并不是主仆关系，那些经验丰富的销售员就不会这样做，他们为顾客指明道路，告诉顾客“这将是您最好的选择”，而顾客非常乐意地接受了。他们看似对着顾客弯腰低头，实际上却在引导顾客的购买行为。

作为一名销售员，你必须要有这样的觉悟，拥有良好的心态，否则情绪问题就会一直困扰着你。

学会利用情绪的价值

乔布斯推出iPhone智能手机以后，很快就把其他竞争对手一一打趴下，许多厂家甚至因此倒闭，就连曾经的手机霸主诺基亚也抵挡不住，智能手机的市场被彻底改变。时至今日，iPhone依然是手机市场上的“带头大哥”。为什么iPhone可以产生这么大的影响呢？人们都说这是因为乔布斯抓住了机遇，走到了时代的前面。其实，从另一个方面看，乔布斯也抓住了消费者的情绪，他站在讲台上，拿着手里的新手机，对整个地球的人说道："这才是配得上你们的手机。"他的话成功点燃了消费者的热情，消费者开始讨厌不够"聪明"的传统手机，讨厌抢占屏幕面积的手机按键，讨厌不够直观、便利的翻盖机和滑盖机，转而竞相投入iPhone的怀抱。

今天的智能手机市场已经非常成熟，iPhone虽然仍旧位于销售排行榜的前列，却不再是曾经那个高高在上的iPhone了，三星、华为、小米等众多品牌奋起直追，时刻威胁着iPhone"带头大哥"的地位，这些厂家也点燃了消费者的热情，拥有了一批忠实的粉丝。

在面对顾客时，经验老到的销售人员几乎不会产生消极情绪，也不会被顾客的消极情绪影响，他们不怕被拒绝，也不会感到紧张，走到哪里都很自信。他们似乎将自己的"消极情绪生成器"给关闭了，永远不会对顾客产生负面情绪。

让顾客生气，就是砸自己的招牌

让顾客开开心心地完成购物，是每一个商家都在努力追寻的事情。而不恰当的做法会激怒顾客，给顾客留下不好的印象，从而直接影响今后的销售额。可以说，让顾客生气，无异于亲手砸自己的招牌。

收费要合理，否则就是刺激顾客

2012年1月，美国银行（以下简称为美银）被评为“美国十大最受痛恨的公司”之一。这可是美国最大的商业银行，居然也会遇到这种情况。了解它的遭遇，足以为我们提供借鉴。

2011年，美银的业务下滑，资金一时变得紧张起来。为了摆脱困境，美银宣布每月对借记卡新增5美元手续费，结果引起用户的强烈反感。用户们认为，美银的这种做法只顾银行的利益，对顾客的利益却置之不理，是在挣扎求生。美银的高层人士只想着如何生存下去，听从分析师的意见，却不为顾客着想。即便市场上出现了许多不满的声音，美银仍然一意孤行，这为后来的事件爆发埋下了伏笔。

一个月过后，美银迎来了用户们的极端愤怒和集体抵制，无奈之下，美银只好宣布取消5美元计划。但是正如一句英文谚语所说："'What is done can not be undone'，对已经发生的事情，没有办法装作它没发生过。"美银的口碑一落千丈，业务也受到了很大的影响。

无独有偶，美国在线影片租赁提供商Netflix也做过同样的蠢事。当时他们宣布要把月费提高60%，并且决定将"邮寄租赁DVD光盘"的服务与下载视频的业务分拆，这样可以有效提升公司的业绩。但是这两项措施宣布后，用户反应激烈，在短短的3个月时间里，就有接近100万名用户取消了订阅，公司股价暴跌，还被媒体痛批。

招惹谁都别招惹顾客，这是很简单的道理，美银和Netflix公司的高层人士并不是不懂这个道理，只是他们在做决策的时候，把目光放在了别的地方，希望自己是运气最好的那个，能够平平安安地度过危机。然而顾客的反应是很难预料的，就算他们嘴上说着"是"，心里也可能早就开骂了。

面对顾客的怒火，销售员要岿然不动

有的顾客脾气不好，情绪起伏很大，平时强压着怒火，到了商场里，仗着"顾客是上帝"的身份，把心里的不愉快统统向销售员倾泻出来。所以有人说，销售员是情绪的垃圾站，但是工作性质决定了他们会常常承受这样的压力。每个人的情绪都可以调节，只是调节的方式有所不同而已。

要想成为优秀的销售，就必须练就一身消除顾客愤怒情绪的本事。

其实，我们可以从多个方面看待顾客的不满情绪。

1. 顾客真的想骂销售员吗

两个素不相识的人，第一次见面就大吵了一架，这种事情出现的概率恐怕很小，而顾客和销售员也是素不相识的两个人，顾客却在第一次见面就对销售员大发脾气，其中肯定是有原因的。顾客表面上是在骂销售员，其实他们真正对抗的是整个店铺和商场。

2. 明明不是销售员的问题，为什么要骂销售员

有的时候，商家提出了某些规定，得罪了顾客，比如拆封以后概不退货，不提供保修服务等，每到这种时候，顾客都会对着销售员大吵大闹。作为销售，你可能想不通：你的问题又不是我造成的，凭什么骂我？和我有什么关系？这当然和你有关系，惹恼顾客的是公司，可是出来协商解决的是销售员，此时此刻，你就是公司的代表。所以，销售员其实不是被顾客责骂，而是在代表公司解决问题。

面带三分笑，顾客跑不了

面带微笑，令人心情愉悦，即便在数九寒天，也依然能够让人感受到温暖。销售人员应该懂得微笑的魅力，经常练习微笑，让顾客见到你就能产生正面情绪，消散负面情绪。

笑容是化解负面情绪的最佳“武器”

微笑是最动人、最有魅力的表情，它能传达出一种积极向上的人生态度。微笑也是销售员最有力的推销“武器”，在面对顾客的时候，一张迷人的笑脸就能使顾客感受到热情。很多时候，顾客并非对产品感兴趣，而完全是被销售员的笑容迷住了，从而产生了积极的情绪以及购买的欲望。

两个人四目相对时，脸上的表情会将情绪传递给对方，形成一种“情感反馈”的特殊效果。顾客看到销售员脸上的笑容时，心中会不知不觉地产生幸福感，他会感到来自陌生人的善意，从而提高对销售员的好感度。

微笑代表着友好，总是给人带来欢乐和幸福，带来精神上的愉快和满足，所以企业家们大力推广微笑服务。毫不夸张地说，“微笑”已经成为服务行业取得成功的秘诀之一。

销售员要学会微笑，一个善意的微笑可以迅速拉近与客户的距离，让客户产生美好的情绪。举个例子，当顾客拿着损坏的产品，前来投诉产品的质量问题时，他肯定不想看到销售员表现出一副懒散的样子，更不想看到一张爱搭不理的苦瓜脸。如果销售员从一开始就保持积极的热情，面带微笑地帮助顾客解决其中的问题，就能获得客户的好感。

提高微笑的技巧，为微笑加分

微笑是一件很简单的事情，但是要想用微笑打动顾客就没那么简单了，这时我们可以使用一些技巧，为微笑加分。

1. 合格的微笑必须发自内心

微笑应当是非常自然、美好的，许多人虽然努力微笑，但是看上去让人不敢接近。微笑必须是发自内心的，在这种微笑下，人的神情都是放松的，看上去不会有紧绷绷的感觉。当顾客面前出现一张过度用力的微笑脸时，他反而会心存戒备。

2. 说话时也要记得微笑，增强声音的感染力

在说话的时候，也不要忘记微笑，温暖的微笑加上活泼的声音，会使销售员的声音听起来更加自然和悦耳。相反，有的销售员前一秒还笑容可掬，一开口却立刻变得严肃了，或者笑脸变得扭曲了，甚至阴沉着脸，一副不情愿的样子，这就会把负面情绪传递给顾客。因此，销售员在说话的时候，也不该忘记微笑，如此才能增强声音的感染力，使顾客愿意与自己展开进一步的交流。

3. 对方越冷淡，销售员就越应该微笑

有时顾客的情绪或许不那么好，他们心事重重的，如果看到销售员的脸上也是麻木的表情，那么他们的负面情绪就会一直持续下去，遇到一点小事就会爆发出来。

如今，人文关怀在商业行为中越来越重要，商家要主动联系顾客，主动向顾客示好。可以说，谁掌控了消费者的口碑，谁就掌握了市场。销售员应该学会用微笑面对顾客，用积极情绪面对顾客，这样才能将顾客牢牢地握在手中。

顾客感兴趣，才会放下抵触情绪

很多顾客对销售员有抵触情绪，销售员笑容可掬，而顾客却始终冷若冰霜，无论销售员说什么，他们都会认为这是销售员在故意夸大其词。销售员和顾客的情绪差距，就像炎炎夏日和数九寒冬的差距一样巨大。作为销售员，你只能用热情去融化顾客心中的坚冰，让顾客回心转意。

找准正确的话题，才能吸引顾客的兴趣

顾客天生对销售员就有一种防备心理，因为他们要对自己的利益负责。很多销售员都遇到过有着强烈抵触情绪的顾客，面对顾客的不信任，销售员也采取了种种措施，想要化解顾客的对立情绪，比如赞美客户、送小礼物等。

其实，顾客对销售员存在防备心理，根本原因是他们和销售员不熟，不敢信任销售员。所以，要让顾客放下抵触情绪，首先要和顾客套近乎，找到顾客喜欢的话题。只有找到那些能够迅速引起顾客兴趣的话题，才可

能使整个沟通交流过程更顺畅。这就要看销售人员是否拥有较强的观察能力，是否能在最短时间内找到顾客感兴趣的话题。当你找到了顾客感兴趣的话题，顾客就会产生强烈的表达欲望，想要将自己的看法全部说出来，因此对你产生好感，愿意和你沟通。为此，销售员必须表现得积极和热情，以此感染顾客，诱使他说出自己的兴趣。

不同年龄段的人，会有不同的兴趣。年轻人喜欢探险，崇拜伟大、美丽的事物，对未来充满憧憬，和他们聊天时，不妨围绕着理想这个话题，逐步引出他们的兴趣点；中年人要养家糊口，因此更看重现实利益，和他们聊天时，不妨谈论时事新闻，谈谈生活中的热点；老年人看透了生活，再加上身体素质下降，因此更加看重健康。当然，除了上面所说的，也可以和顾客一起怀旧，比如提起顾客的故乡，或者最能引起其回忆的往事等，这些都可能引起顾客的兴趣。顾客和销售员有了共同话题之后，便会很快与其熟悉起来，放下心里的防备。

积极主动的态度，更容易感染对方

顾客不会主动吐露自己感兴趣的话题，也不会主动热情地接近销售员，因为他们没有接受过相关的训练，不可能像销售员一样得心应手。所以销售员必须亲自出马，用积极主动的态度努力挖掘顾客的信息。推销的最高境界就是，让顾客觉得和你有话可谈，能够与你成为知心朋友，对你充满信任。那我们应该怎么做呢？下面几种方法可以一用。

1. 将自己放在顾客看得见的地方

有人认为，推销的第一步是找到符合标准的顾客，而我却认为，推销的第一步是让顾客发现销售人员。在和顾客见面之前，所有的工作都只能算是准备工作。普通的销售员行走在大街小巷，向顾客一个个地推销产品；层级更高的销售员只需要坐在摄像机前面，就能让无数人看到。能让更多的人看到，就能带来更多的商业机会。

2. 比别人走得快一步

很多时候，我们是通过一些生活中的细节对人做出判断的，比顾客走得快一步，就能让顾客产生一种你很忙碌、做事很积极的感觉。如此，顾客才会重视你。

3. 主动开口，配合热情、友善的态度

不要等着顾客来找你，销售员的工作就应该是主动寻找顾客，引导顾客发现理想中的商品。选择合适的方式和措辞与顾客寒暄是十分必要的，同时还要配合热情、友善的态度，让顾客从心里感到温暖。

消除疑虑，顾客才会放心购买

要想将产品销售出去，只让顾客感兴趣还不够，还要让顾客没有后顾之忧。要让顾客买得舒心、用得放心，这是做生意最笨的方法，也是最聪明的方法。很多时候，顾客并不是看重产品的性能，而是相信品牌的力量，看到精美的品牌标志，他们心中的疑虑就可以在瞬间烟消云散。

高明的销售员能够从顾客的顾虑中发现转机

在销售员和顾客之间，始终存在一个障碍，即顾客的顾虑。就算是免费赠送的礼品，顾客都有可能对其心存顾虑，例如担心产品的性能，担心欠人情债等，更不必说那些要花钱购买的产品了。实际上，销售员的任务只有两个，一是激发顾客的欲望，二是消除顾客的顾虑。当一个人产生了购买的欲望，又不必感到担忧的时候，他是没有理由不购买的。他甚至不需要下定决心，因为他原本就没有顾虑，买下产品是自然而然的事情，又有什么必要做心理斗争呢？

来看以下两个案例吧。

案例一：

一名男顾客来到一家电器公司，指着店里的冰箱问："你们的这款冰箱和隔壁家的冰箱看起来没什么区别，为什么你们的冰箱会卖得更贵呢？"

销售员微笑着说："是的，您说得不错。我们两家的冰箱看起来很像，但是其中还是有很大的差别的。我们的冰箱噪音更小，制冷速度更快，耗电量也更少，属于节能品牌，而且我们的保修期也更长。所以看起来相似的两款冰箱，其中的差别大着呢。"顾客听后，点了点头。

案例二：

一位中年女顾客来到一家化妆品店，想要购买护肤品。销售员向她推荐了一款高级护肤霜。女士听销售员报完价格之后，表现出不可思议的神情："我都已经年近半百了，还买这么贵的护肤品干什么？我又不是年轻女孩，用不上这么贵的。"销售员微笑着解释说："这款护肤霜就是专门针对您这个年龄的爱美女性的。年轻人皮肤娇嫩，新陈代谢很快，用普通护肤品就可以保护好皮肤了。上了年纪以后，皮肤状况已经不如年轻人了，更需要高级护肤霜的保护。"女士听后，恍然大悟。

在两个案例中，顾客分别提出了异议，他们对产品心怀顾虑。面对顾客的质疑，销售员没有试图否认那些客观存在的事实，而是从另一个角度出发，利用顾客异议中有利于推销成功的因素，并对此进行加工处理，转化为对自己有利的观点。男顾客认为冰箱价格贵，销售员列举了自家产品的优势；女顾客认为护肤品贵，销售员则从顾客自身条件入手，指出该款护肤品很适合她。

通过简单策略消除顾客的顾虑

顾客提出质疑是常有的事，销售员要找出解决的办法，让顾客消除顾虑，对产品充满信心。

1. 将产品和顾客的切身利益联系起来

顾客在挑选产品的时候，会从自身利益出发，考虑产品是否合适。当提到有关产品的问题时，他们的脑海中想的是“这个产品对我有用吗”“这个价格合适吗”。在顾客看来，如果买这些产品不能解决他们的切身问题，就不值得花钱，即便销售员努力推销，也休想让他们付款。因此，要想消除顾客的顾虑，销售员可以将产品和顾客的切身利益联系在一起，让他们清楚地了解到这笔交易是值得的。对于一些需要组装的产品，销售员还可以做一次现场演示，向他们展示产品的安装和使用过程，这些服务都可以让他们消除疑虑。

2. 帮助顾客说出他们想说的话

很多时候，销售员很清楚顾客有哪些疑虑，因为类似的问题销售员已经听到过无数遍了。如果是这样的话，销售员倒不如把顾客最关心、最有可能提出的问题先替他们说出来，这比顾客自己提出来要好得多，表明你对顾客坦诚相待，不避讳产品可能存在的问题。比如说，你知道自己的产品价格比市场上其他的产品价格要高，你能肯定顾客会对此提出异议，那么不妨提前说出来："您或许会觉得，我们的产品比其他家的更贵，这是因为我们的产品有×××优势……"

如果你是销售界的新手，不了解顾客的真正顾虑是什么，那么在顾客提出问题之前，最好不要胡乱应答。有些时候，你认真聆听顾客说出自己的疑虑就已经很好了，然后说出你所知道的行情，顾客会因为你专注地听他讲话而感到满意。

用温柔“熄灭”顾客的烦躁情绪

顾客出现烦躁情绪，说明他的自控能力很差，这时他容易情绪激动，有时甚至大发雷霆，与他人争吵。越是在这种时候，销售员就越应该保持冷静，用温柔的态度熄灭顾客的怒火。

温柔的话语是消除愤怒的良药

温柔的话语会消除愤怒。用温柔的态度说话，会让人感到原来一切没有那么糟糕，至少面前还有一个人愿意认真地聆听。对方发脾气，如果你用温柔的语气轻轻地问一句：“怎么了？”再烦躁的人心中都会产生一丝愧疚，也就不会再那么生气了。

大多数销售员在面对顾客的烦躁情绪时，有两种常见反应：发泄和克制。要么受情绪驱使，歇斯底里地和顾客大吵大闹，要么努力克制愤怒，忍气吞声，并且自我安慰不值得为了这么点小事与顾客争吵。顾客不怕和你争吵，当他们心里烦躁不安时，他们正想找个人发泄情绪呢，所以倒不如说他们希望和你争吵。

对待此类顾客，就应该像对待不懂事的小朋友一样，要以哄为主，讲道理为辅，等他们情绪稳定下来以后，再慢慢介绍产品。不过，接下来在介绍产品的时候，就要有轻重之分了，要把气氛弄得轻松一点，对产品或者服务的基本内容有一个解释，并且加上几句俏皮的解说，这样顾客内心的紧张情绪就缓解了。顾客不喜欢销售员用拙劣的演技来欺骗他们，因为他们不喜欢被别人牵着鼻子走的感觉。

用良好的心态面对烦躁的顾客

销售员经常会碰到情绪烦躁的顾客，其实这些顾客并不是不讲道理的人，他们只是一时冲动，没能控制住自己罢了。因此，对待此类顾客，销售员应该用良好的心态去面对、去包容，给顾客一点时间调整自己的心态。

1. 多点耐心，弄清顾客到底想说什么

有人说，人在愤怒的一瞬间智商为零。在实际生活中，顾客生气的时候，往往也是语无伦次的，真正的问题反而无法解决。销售员要站在顾客的角度去思考问题，要理解顾客，不要否认顾客，当顾客在喋喋不休时，不要轻易打断顾客的叙述，也不要批评顾客的不足，不要受顾客的激动情绪影响而跟顾客争吵，而要鼓励顾客倾诉下去，让他尽情发泄心中的不满。听的时候一定要及时回应，并做好重点记录，尽量了解顾客投诉或抱怨的问题发生的全过程，听不清楚的，要用委婉的语气进行详细询问。注意语言要得体一些，如“麻烦您再详细讲一次”或者“不好意思，打断一下”等，把你所了解的问题向顾客复述一次，让顾客予以确认。顾客得到了发泄的满足之后，就能够听得进销售员的解释和道歉了。我们经常能够看到，有的顾客和销售员根本不在一个频道上，结果自然是不欢而散。

2. 态度好点，帮助顾客分析问题

俗话说：“伸手不打笑脸人。”无论顾客的情绪如何，销售员都应该保持良好的态度，给顾客一种尽心竭力的感觉。要把顾客的抱怨看成有价值的信息，真心诚意地感谢顾客提出问题与意见。通常，服务人员的礼貌和热情，会消除顾客的抵触情绪；服务人员的态度谦和友好，会促使顾客平复心情，理智地与销售员协商解决问题。顾客感到不满意，是因为觉得商家亏待了他，如果在处理问题的过程中销售人员的态度不友好，就会使顾客情绪变得更差。在解决问题的过程中，销售员可以多用服务用语，如“抱歉”“很高兴您能提出这样的建议”“谢谢您提供了这么重要的信息给我们”等，这会让顾客的感觉变好一些。

3. 快速解决问题，别让顾客等太久

销售员解决问题需要一定的时间，在等待的这段时间内，顾客的情绪一直在酝酿。快速解决问题，就是为了缩短顾客的情绪酝酿过程，让顾客的心情平静下来。用最快的速度帮助顾客解决问题，一来可让顾客感觉到被尊重，二来可以表现出商家解决问题的诚意，三来可以及时防止顾客的负面情绪进一步累积。

总之，在面对烦躁的顾客时，不要乱了自己的阵脚，而是要保持冷静，用温柔的态度去面对，让顾客感觉你是可以信赖的。

真诚一点，虚伪的做法让顾客害怕

顾客不可能对所有商品的行情都了如指掌，当面对一件从未了解过的商品时，他们的心里十分忐忑和焦虑。顾客希望销售员能够真诚一点，给出合理的价位，而不是蒙骗他们。越是虚伪的做法，越是让他们害怕。

不适当的产品推荐，很难让顾客感受到真诚

销售员通常认为，在招待顾客的时候，一定要向他们推荐最好、最贵的产品，就算他们不买，也要让他们知道产品的信息。这种做法看似是在打广告，也确实有一定的效果，但是从来没有人考虑过它的负面影响。销售员不知道，自己推荐的产品，或许会让顾客感到不自在。当销售员和顾客不在一个频道上的时候，成交的概率就会大打折扣。

以餐饮行业为例，顾客进店入座以后，服务员会热情地拿上菜单，向他们推荐本店的招牌菜。所谓的招牌菜，大多是一些口味上乘、价格较贵的菜，服务员和老板都认为，只有这样的菜肴，才能体现出本店的高端。

对于那些经常请客吃饭的人来说，这确实是个好主意。但是并不是所有顾客都是这种类型的，也有很多顾客是单独来的，他们可能只想吃一份简单可口的快餐。如果这时服务员兴奋地说："您试一下我们店的招牌菜吧，金牌烤鸭，现在特价228元一只。"顾客嘴上不说，心里肯定在想：我就吃个饭而已，至于吗？

对于大多数普通客人来说，这样的推荐极易引起反感。经验丰富的服务员不会这么做，他们会站在顾客的立场上，为他们推荐适宜的菜肴，那是最能俘获人心的服务方式。

很多时候，某些执着的导购让顾客很无奈，他们从顾客踏入店里的这一刻起就一直跟在身边，不停地推荐产品。本来顾客有着大好的心情，结果被打扰得既烦躁不安，又无可奈何。

那么究竟什么样的服务才是顾客真正需要的呢？其实很简单，顾客希望销售员能够向他们推荐合适的产品，而不是胡乱推荐一通。

真诚与否，关键看产品和服务的质量

埃隆·马斯克被称为现实版的钢铁侠，他以极大的个人魅力使特斯拉受到人们的关注，很多人正是由于他才购买了特斯拉电动车。不过，顾客的最终目的是购买一款具有实用性的汽车，而不是取悦埃隆·马斯克，所以，最终的口碑如何，还要看特斯拉的服务质量。

众所周知，作为一项新鲜事物，电动车推广的难点在于电池和充电桩配置不足，这成为不少特斯拉准车主的心结。其实，这个问题的关键，还是高层住宅小区中不方便安装家用充电桩。据特斯拉充电业务部门统计，

中国车主安装家用充电桩的需求，绝大多数来自高层用户。这成为特斯拉最大的考验。

不过，特斯拉最大的魅力正是精益求精，将普通的工作做到极致。通过一年多的家用充电桩安装服务，特斯拉在市场一片空白的情况下，一边实践，一边改进，加快了整个电动车行业的发展。目前，家用充电桩已成为特斯拉车主最主要的充电工具，特斯拉拥有业界第一的超高家充安装率，为电动车主解决了充电需求。

说一千道一万，销售员的态度是否真诚，最终还是要回归到服务质量上。如果服务质量很好，推荐的产品性价比很高，那么顾客就会印象深刻，给店铺打个高分。假如服务质量低的话，销售员说得再好听也没有用，顾客还是会感到很不满意。

给顾客留下“后退一步”的机会

在销售学中，砍价是“对价值理念的争夺战”，顾客会对产品挑三拣四，而销售员则对产品的价值信心满满。有时，一味地坚持或许不是好事，场面容易陷入僵局，倒不如缓和一下气氛，给顾客自主选择的机会。

欲擒故纵，让顾客主动购买

欲擒故纵是兵法《三十六计》中的一个计谋，原文是：“逼则反兵，走则减势。紧随勿迫，累其气力，消其斗志，散而后擒，兵不血刃。”翻译过来就是：“逼迫太紧，对方就会誓死一搏、全力反抗。让敌人逃跑，反而会削弱他们的气势。紧紧地跟着敌人，但是不要过于靠近，而要让他们在逃跑的过程中消耗体力，瓦解斗志，等到敌人溃不成军时，兵器上不用沾血就可以取胜。”

在销售过程中，同样存在类似的情况。有些销售人员急于把商品销售出去，急于把生意做成，但由于缺乏智谋，缺乏策略，最终“欲速则不达”，无功而返。如果人们一开始就被优厚条件所诱惑，对后来才知道的部分也能较轻易地接受。巧妙利用人们的这种心理，采取欲擒故纵的策略，有助于销售顺利进行。

要想有效地使用欲擒故纵的计谋，就得先知道欲擒故纵的本质是什么。本质就是价值的吸引，是信任。欲擒故纵就是让顾客安心，和顾客成为朋友，这是最重要的销售经。

在购物过程中，顾客通常要面对两个选择：购买和放弃。选择的机会越多，顾客购买的可能性就越大。顾客既然想买衣服，就肯定要在商店里挑选，不可能回家自己亲手缝制，不是在这家买，就是去其他家买。购物始终有不理性的因素，顾客进店之前或许已经有了决策，但是进店之后，面对着琳琅满目的商品，心里的决策逐渐动摇，最终在冲动情绪的刺激下，按下了支付键。

如何用欲擒故纵法促成交易

在与顾客沟通的过程中，如果一味地步步紧逼，常常会给顾客带来很大的压力，致使顾客产生不满情绪。因此，要给顾客留出一定的空间，消除他们的反感和警惕心，从而使推销更容易，达到欲擒故纵的效果。在实际销售过程中，商家通常采用以下几种方法。

1. 用优厚的条件吸引顾客

很少有产品是百分百完美的，但是顾客还是愿意购买，因为这些产品已经达到了他们的购买预期。如果商家用打折、满减等优惠条件作为诱惑，就可以降低顾客的心理预期，使他们对不好的部分也能轻易接受。在一些正式的沟通中，主动沟通的一方往往会在一开始就提出极具诱惑性的优厚条件，麻痹对方，让对方产生一种沟通很顺利与沟通对自己有利的错觉，然后再指出产品的缺点，对方也比较容易接受。

2. 故意忽视顾客的问题

通常而言，销售员要确保顾客的知情权，顾客提出的问题，销售员都要尽心竭力地为他们解答。不过，有时候销售员也可以故意装作没听到，让顾客感到略微的焦躁。或许一个很小的问题，却可以拿来吊顾客的胃口。越是顾客想知道的，我们越可以晚一点说，这样顾客就会更加主动。因为这是他关心的话题，或许可以给他带来利益，但是利益到底有多大，他并不清楚，在这种情况下，没人可以拒绝销售员的进一步讲解。

3. 假装离开顾客

有时候，顾客明明对产品很感兴趣，却一直很犹豫，迟迟下不了购买的决心。这时销售员不妨假装离开顾客，造成一种紧迫感，促使顾客早点下定决心。如果正好快要下班了，处理起来就更容易了，销售员可以催促顾客："您考虑好了吗？我们马上要下班了。如果您确实想买的话，我可以给您打个折。"

第八章
利用情绪，让顾客按下支付键

了解了顾客的情绪以后，接下来要做的事便是引导顾客的情绪，利用情绪引导顾客消费，提升销售业绩。在销售的过程中，要养成随时随地去思考销售切入点的习惯。营销人员如何利用情绪，是本章要讲的重点内容。

掌握顾客的情绪，拿到交易的主动权

近几年来，情绪营销逐渐走进人们的视野，受到广大商家的青睐。聪明的商家意识到，消费者一旦对产品产生了情感上的共鸣，就会更容易购买产品。因此，营销专家们将营销变成了一场“制造情绪”的游戏。

中国市场已进入情绪营销阶段

十几年前，中国人最熟悉的广告语还是“今年过节不收礼，收礼只收脑白金”“大宝明天见！大宝，天天见”“牙好，胃口就好，身体倍儿棒，吃嘛嘛香”。这些广告多年以来在中央电视台的广告排行榜上一直占有一席之地，让中国人耳熟能详。尤其是脑白金的广告，动画更新了无数遍，台词却始终不变，其传播力度很强，范围很广。

这些广告语都有一个共同的特点——实在。看了这些广告以后，消费者就知道商家说的是什么，卖的是什么产品，产品有哪些好处，等等。广告的定位以及品牌的出发点，都用最简洁的文字表达出来了，非常明确和清晰，简洁的同时又很有趣，使消费者瞬间对产品有了深刻的认识。

不知道从什么时候开始，广告变了一个模样，变得含蓄起来了，把整支广告从头看到尾，或许都不明白它真正想说的是什么。比如德芙的广告语“纵享丝滑”“无时不悦己”“听说，下雨天，巧克力和音乐更配哦”等，放弃了传统的宣传模式，不再把广告的重点放在介绍产品上，而是着重描述使用产品之后带来的感受，消费者受到广告语的影响，尚未见到产品，内心就已经产生了情绪体验。

情绪营销几乎已经成为高端品牌的共同选择，在未来很长一段时间内，人们或许很难找到第二种营销方式取代它。它让人们在关注产品的使用价值之外，把关注点放在了产品的情感价值上。

从时代和品牌的发展去思考，这种转变其实很好理解。过去人们缺乏物质，所以更强调产品的功能属性，把有限的资金最大化利用。而今天人们的物质生活十分丰富，有条件去国外旅游、购物，选择自己最喜欢的东西，而不仅仅是最实用的东西。

现在的消费到了“有钱难买我愿意”的阶段，很多人花很多钱买奢侈品，一条腰带竟也可以卖到几十万美元。从实用性的角度来看，这种产品毫无疑问是不值得购买的，因为市面上有很多便宜又好用的腰带。但是从情绪营销的角度来看，有的消费者就喜欢这样的东西，哪怕花几十万美元，在他们看来也是值得的，谁让自己喜欢呢？

通过技术软件进行情绪收集

借助现代科技，我们不需要再像传统媒体那样，劳心劳力地搞问卷调查、街头访问等，就可以清楚地了解消费者的想法，收集他们的情绪。商家通过社交软件和大数据平台，对消费者的行为习惯和心理活动进行分析，然后做出针对性的活动。总结下来，对情绪营销的应用可以分成三个步骤：第一，了解和发现情绪；第二，总结和概括情绪；第三，引爆或引导情绪。

如今社交媒体几乎覆盖了全球，通过社交媒体就可以对消费者的情绪特征进行观察。比如餐饮店做了一次促销活动，在接下来的时间内，可以统计一下到底有多少人在关心这方面的消息，已经来过的顾客持有什么样的看法，然后总结一下顾客产生了几种情绪。

利用大数据进行差异化推广，本来是项好技术，但是被很多商家用在了歪路子上面。例如最近炒得沸沸扬扬的“大数据杀熟”，即购买同样一件商品，老用户反而可能要花更多的钱。顾客或许一时之间没有反应过来，但是等到他们反应过来的时候，商家就等着迎接顾客的怒火吧。或许有人会说，这是平台从实际情况出发，做出的最适合顾客的选择，但是站在顾客的角度，这显然是不合理的。正如《人民日报》所说：“为了获得灰色超额利润，它损害了消费者的权益，已经构成侵犯消费者知情权的价格欺诈，不为《中华人民共和国价格法》所允许。”

速战速决，拿下犹豫型顾客

在消费过程中，有的顾客显得十分犹豫，在买和不买之间来回考虑，下不了决心。面对这种犹豫不决型的顾客，销售员应该速战速决，敦促顾客尽快做决定，免得出现其他可能。

顾客的犹豫心理，来自对外界的幻想

有时，我们会发现这样一种顾客：他们对产品非常喜爱，银行卡里的余额也完全能够负担得起，他们和销售员热烈地讨论着产品的信息，流露出急切的神色。销售员以为这一单已经是铁板钉钉，跑不了了，但是等到要顾客付款买单的时候，才发现事情并没有这么简单。顾客吞吞吐吐地说自己还想再考虑一下。听到这句话的时候，销售员就应该明白了：如果就这么放顾客回去，这一单十有八九是黄了。

那么，我们怎么判断面前的人是否属于犹豫型顾客呢？最明显的表现是他们对出现的问题反应得比较迟缓，对一些很简单的决定也要考虑很

久。然而，他们又希望能够自己做决定，总是在过多的考虑当中变得更加犹豫不决。在面对面交谈的时候，他们通常不愿意看着对方的眼睛说话，无法长时间保持目光接触，甚至讲话口齿也不清楚，有时候还会神情恍惚，像是快要睡着了一样。

顾客犹豫的表现有很多种，背后的原因也非常复杂，但是对于销售员来说，这些都不是最重要的，最重要的是顾客不一定会买。

对于这种犹豫不决的顾客，销售员要主动一点，根据实际情况，帮他们做出可行的计划。这需要销售员详细了解顾客的条件和需求，对现实情况进行仔细的分析，并且说明不这样做会有什么后果，给顾客造成心理压力，迫使顾客尽快做决定。

从理性的角度看，顾客在比较产品的价格、质量、售后服务之后，会得出一个结论，如果产品的性价比很高，付款完成交易才是他们最合理的选择。但是绝大多数顾客会受到非理性因素的影响。顾客之所以会犹豫，是因为他们对其他选择还抱有幻想。现在市场上的竞争很激烈，顾客可能会为了一点点优惠而做出别的选择。

找到顾客犹豫的“痛点”，敦促顾客成交

一个人要买一件东西，原因无非有两种，一是追求快乐，二是逃离痛苦。用一个成语来形容，这就叫“趋利避害”。心理学上有一个词叫“损失厌恶”，指人们面对同样数量的收益和损失时，损失会让他们更加难以忍受。也就是说，在这两种原因中，逃离痛苦比追求快乐更加吸引顾客。

因此，在面对犹豫型顾客的时候，要制定相应的销售策略，找到他们

的“痛点”，敦促他们摆脱令自己痛苦的环境。面对利益的诱惑，顾客可以选择观望，试探其中是否有陷阱，但是面对危险的逼近，顾客往往会乱了心神，慌慌张张地想要逃离。人必须去除某些危害自己生存的障碍，尤其是当某种痛苦存在于当下的时候，必须摆脱它才能够获得安宁。

举个例子，租房时，人们面对房屋中介通常都会怀有戒心，因为这意味着他们在接下来的一年半载内，都要居住在一个新的环境里。如果新房子的租金比原来房子的便宜，其他条件却丝毫不逊色，小区的环境很好，离地铁站也很近，那么顾客就会心动，也许很快就会下定决心把房子租来。如果现实情况完全相反，新房子的房租不仅更贵了，就连环境也比不上原来的了，那么顾客就会陷入重重纠结之中。在这种情绪下，他们签下合同的概率就会大大降低。

面对后一种情况，有些销售员会迎合顾客的情绪，一起抱怨生活的艰难，也有些销售员会向顾客分析市场情况，然后告诉顾客：“房价每年都在上涨，房租肯定也会跟着上涨，最近几年市里的房租翻了好几倍。这间房子是很不错的，也很抢手，签下来肯定对你有好处。”

如果顾客听完这些话以后，依然非常犹豫，还想拥有更多的时间考虑，销售员也不要逼迫他们签约，可以给他们留下联系方式，并且约定一个时间，提醒客户，防止他们无限期地拖延下去。

面对犹豫型的顾客，很多销售员费尽唇舌也无法促成交易，原因就是他们不敢催促顾客，或者说，不懂得帮助顾客下决心。其实顾客考虑买单的时候才是最关键的时刻，在此之前的所有准备工作都已经做完了，成败在此一举，就像煮饭一样，最关键的恰恰是饭快要煮熟的那段时间，如果这段时间没有处理好，就会功败垂成，无法挽回。顾客也是一样，把钱在口袋里多放几天，他就更加舍不得了。所以，只要进入了这个阶段，销售员就应该快马加鞭，速战速决，促使顾客下定购买的决心。

情景营销法，激发顾客的好奇心

进行情景描述是销售人员最常使用的方法，绘声绘色地描述一件产品，努力向顾客描述产品的使用场景，效果肯定比单纯地介绍产品信息好，能给顾客带来极强的吸引力。这就是情景营销的魅力。

情景营销创造了更新、更好的体验

情景营销，就是以消费者的心理体验为核心，触及深层次的情感层面，将消费者带入场景当中。情景营销注重消费者在不同场景下的心理需求，尤其是通过消费来表达和传递情感的诉求。通过挖掘这些情感意义，应用创意、数据和技术，输出更有打动力的信息，带给消费者更深层次的情感体验。

现在人们进入商场购物，不仅仅是为了满足自身的物质需求，解决生活中的实际问题，还为了娱乐。不同的营销活动会激发多种情感需求，也将催生更多的消费行为。

销售员向顾客推销产品的时候，要考虑到产品在日常生活中的使用场景，联系顾客心中最常见的情绪，再把这种情绪与产品和品牌绑定在一起，从而让产品具备实用价值，同时使顾客具备新的情感购买动机，这个情感购买动机就是情绪营销的结果。

要做好情景营销，最关键的地方是找出消费者的情绪规律，这要求我们善于透过当下社会的一些现象对人群进行总结，然后采取不同的针对性策略。比如，针对那些在北上广深努力拼搏和奋斗的人，他们的情绪关键词是激情，销售员在推销的时候，就可以表达出“明天要更好”的意思，通过只言片语点燃顾客的情绪。

在销售的过程中激发顾客的好奇心

值得注意的是，做好情景营销不是一件容易的事。做得好的话，可以给顾客留下深刻的印象，令他们对未来的场景充满期待；做得不好的话，反倒会损失更多的顾客。要做好情景营销，必须要能够吸引顾客的好奇心。在对话的过程中，销售员不妨使用一些简单的小技巧，让顾客的兴趣被牢牢地吸引住。

1. 销售员主动向顾客提问题

销售员和顾客之间的交流应该你一言我一语，有问有答，形成良性的互动。话题进行到一半的时候，销售员可以提出一些“刺激性”的问题，激发顾客的好奇心，因为人们总是对未知的东西很感兴趣，顾客也不例外。销售主动提问题，会让顾客感到意外，而这正是我们想要的结果，这将加深他们对购物经历的印象。

2. 故意卖关子，不把所有信息透露出来

为了吸引顾客的注意力，很多销售员会一股脑地把产品的相关信息全部说出来，希望顾客从中发现自己喜欢的方面，但是这样做有一个“负面效应”，那就是顾客当时就能把产品的信息全部掌握，以后再看的时候，就失去了新鲜感。试想一下，如果顾客已经掌握了他们想要了解的所有信息，他们还会期待你的介绍吗？他们又有什么理由要听你的推销呢？如果你想保留顾客的新鲜感，希望调动起顾客的好奇心，使其主动了解更多的信息，就不要在一开始就向他们提供所有的信息，而应该说一半、留一半，让顾客主动去探索。

3. 利用新产品更容易做好情景营销

通常而言，利用新产品做情景营销的难度更低，效果更好，因为人们总是对新奇的东西感兴趣，都想亲自体验一下，而旧产品早就被看习惯了，人们已经没有什么兴趣了。更重要的是，人们想紧跟时尚的潮流。

内疚情绪会使顾客产生刺激感

我们总是告诫自己：不要做出令自己后悔的选择，但是等到进入实际生活中时，我们却又一次次地违背当初的计划。我们会为自制力差而感到内疚，然而这股内疚感也在催促着人们前进，催促着人们继续犯错。

人们故意犯错，以追求刺激感

有时候，我们知道一些事情是不该做的，但还是忍不住要去做。这从小孩子身上就可以看得出来。下雨天，门前积了一个小水坑，孩子总喜欢走过去踩水，水花溅得很高，妈妈在远处呵斥："你怎么又去踩水坑了？要是把裤子弄湿了，看我回来不揍你！"妈妈的恐吓立即见效了，孩子收起了脸上的笑容，悻悻地离开了水坑。但是等到妈妈走开以后，孩子又会一步步试探着，走回水坑内，他心里感觉既紧张，又刺激。

成年人同样会有这种心理。例如，正在减肥的人偷偷吃了一块奶油蛋糕，愉悦的同时，又会感到一丝的不安；戒烟的人抽了一支烟，心满意足的同时，又会为功亏一篑而懊恼。

通过上面两个例子，我们会发现一个很有趣的地方，这些事情会给人们带来麻烦，同时又给人们带来快感。而人们就在愉快和内疚之间徘徊，不停地懊恼，不停地犯错。商家将这种心理特征应用到营销中，形成攻无不克的“逆转型消费”，让顾客“越堕落越快乐”。即使是最微小的内疚感，也能放大自我纵容所带来的刺激感。

很多女性顾客热衷于减肥，整天都在克制对美食的欲望。当她们路过蛋糕店时，内心的理智告诉自己：“不能再吃了，否则会变胖的。”但是等她们走进蛋糕店以后，面对着可口的蛋糕，心里早已小鹿乱撞，激动得不能自已了。于是，她们开始妥协了：“我就吃这一次，应该没什么关系吧，以后少吃就是了。”然而她们没有意识到，在这种由纠结最终走向快乐的情绪体验过程中，她们的内心其实获得了极大的满足感，饮食体验比平常更丰富。这一次，她们破例吃了东西，下一次她们还是会忍不住，就像上瘾了一样。

不难看出，内疚营销的一大特点，是使顾客的内疚和刺激感并存，内疚营销做得好的通常是内疚营销的“重灾区”，例如餐饮、服装、烟酒、极限运动等行业。这几年以来，网购也表现出了内疚营销的特征，很多人一方面告诫自己“再买剁手”，另一方面却又根本停不下来。网购已经不再是单纯的购物那么简单了，顾客沉浸在购物带来的快感和内疚感之中，无法自拔。其实，走出这种困境是一件很容易的事，正所谓“眼不见心不烦”，你只需要把视线从网购当中移出来，不在闲暇时间搜索那些优惠信息，等到确实有购物需求的时候再打开网站，就不会为了乱花钱而心痛了。不过，那时网购带来的快感也消失了，你是否真的愿意为了省钱而舍弃等快递的乐趣呢？

商家利用消费者的内疚情绪来营销

营销界的专业人士很清楚消费者的内疚情绪会影响商品的销量，他们不会放弃和内疚情绪的战争，商家的目的很简单，就是要消除消费者的负面情绪，让购物变得轻松、愉快。为此他们一直在尝试，从早期的快乐刺激法，到后来的内疚营销法，代表的是营销思路的转变。广告语可以更具诱惑力，充分地勾起人们的内疚感。

很多商家深得此中真意，将内疚营销用得炉火纯青。例如，“劲酒虽好，可不要贪杯哦”看似在提醒消费者“不要贪杯”，实际上消费者的注意力全都集中在“贪杯”上面了。正如告诉一个人不要去想大象，他的脑海里就会浮现出大象。

值得一提的是，营销方法没有段位高低之分，只是适用场景有差别，不要厚此薄彼。即便是内疚营销，也应注意分寸，轻微的内疚感会带来刺激，而过于沉重的内疚感会带来疼痛，人们喜欢接触刺激感，但是都想远离疼痛。商家可以用小块的巧克力诱出减肥者的内疚感，换成一整块巧克力蛋糕时，就会失去效果了，因为顾客非常清楚：“这么大一块蛋糕吃下去，这一个月都别想瘦了。”

与众不同，给消费者带来优越感

面对一家普通企业的产品，顾客会看重它的性价比；面对一家优秀企业的产品，顾客会看重它的使用感受；面对一家顶尖企业的产品，顾客会以拥有它为荣。

最顶尖的企业，让顾客产生优越感

奥地利心理学家阿尔弗雷德·阿德勒认为，人类并非环境和遗传因素的消极接受者，而会对自身的经历做出有意义的解释，选择和建立自己的生活风格。人一生的总目标就是摆脱自卑感，求得独一无二的优越感。

如果将阿德勒的学说运用于经济学中，就可以得出这样一个结论：顾客会借助商品摆脱自卑感，因自己的选择产生优越感。实际上，每个人心中或多或少都会有些优越感，有的人因为职业而产生优越感，有的人因为相貌而产生优越感。顾客同样希望自己拥有的产品是优秀的，具有其他产品难以企及的特性。

在互联网大规模普及之前，顾客只能被动接受企业和商家制造的产品，没有任何权力更改他们的决定，最多提出自己的意见和看法，然后由企业老总决定今后的策略。但是互联网大规模普及之后，尤其是“互联网+”概念的提出，让企业和顾客之间的力量对比发生了极大的变化。顾客能够在第一时间将自己的意见集中反馈给商家，获得自己中意的产品和设计，甚至直接进行差异化定制，这就是商业领域内权力的转移。

在商业化浪潮的推动下，顾客对商业有了更深刻的认识，他们的个体意识正在觉醒。顾客摆脱了弱势地位带来的自卑感后，自然要追求优越感，彰显自己的个性，同时进行自我理想身份的塑造。他们不再满足于批量化的生产，而是迫切地想要商家根据他们的消费习惯进行量身定制，而不再把他们当作标准化的“平均顾客”。

越来越多的企业认识到了这一点，他们意识到了消费观念的转变，并且积极地做出回应。在过去，“以消费者为中心”可能只是一句空话而已，顾客尽管有着诸多诉求，但是企业只会从自身条件出发，做出企业想要的产品，现在企业则把制定策略的重心放在了顾客身上，把衡量服务的标准从“让顾客满意”转变为“营造顾客优越感”上了。这与过去“以产品为中心”的营销思想相比，发生了翻天覆地的变化。因为现在的顾客能够更直观地对同类产品进行比较了，如果一款产品没有独特的亮点，不符合他们的心理预期，他们是不会满意的。

不懂得营造顾客的优越感，就可能被抛弃

过去，企业宣传的理念是对顾客一视同仁，不偏袒任何一个人，也不

忽视任何一个人。但是现在情况发生了改变，标准化生产开始向定制化生产转变，这需要经营者站在顾客的角度，随时了解与顾客有关的信息，并且围绕顾客的实际需求与心理期望，去做相关的营销活动。只有这样，才能让顾客成为“死忠粉”。不要质疑顾客在这方面的需求，因为对于顾客来说，消费本身就是一种情感上的付出。

在顾客优越感的塑造上，西方国家的企业起步的时间较早，因此经验也更加丰富。

美国拉斯维加斯有一家酒店，名为哈拉斯酒店，它虽然不是当地硬件设施最好的酒店，与其他装饰一新的酒店相比，它甚至显得有点破旧，但是在过去的10年时间里，哈拉斯酒店的业绩从未下滑过。其中的秘诀就在于定制化服务，让顾客产生了优越感。

哈拉斯酒店建立了一个赢家网站，上面记录了每一位顾客的数据信息，包括他们爱吃什么样的食物，喜欢玩什么样的游戏，穿衣的风格如何，等等。通过对数据库的经营，哈拉斯让顾客感受到了深切的优越感。顾客只要拨打哈拉斯酒店的电话预订房间，酒店的预订中心在确认顾客电话号码的同时，就会打开数据库找出这位顾客的所有资料，并通知各个环节做好相应的准备。更为难得的是，酒店的数据库资料是绝对保密的，除了酒店的工作人员，其他人不会得到顾客的任何信息，从而避免了暴露顾客的隐私。

未来的销售工作，必定会将重心转移到塑造顾客的优越感上。未来的企业，如果不能在营造顾客优越感上取得成绩，就可能会被顾客无情地抛弃。iPhone最初被部分媒体誉为“上帝手机”，精准地将用户定位在那些都市里的高收入群体，以精致的工艺和顶尖的使用体验，使顾客手拿iPhone就能产生满满的优越感，苹果从而一跃成为国际手机顶尖品牌。但是当三星、华为等企业奋力直追，而苹果手机无法再像之前那样取得跨时代的领先地位时，顾客的优越感就大大降低了。

学会赞美和倾听，鼓励自卑的顾客

自卑是人类的正常情感，它会使顾客饱受困扰，出现控制不住情绪、不愿意说话等表现。面对自卑的顾客，销售员要做的是解开他们的心结，让他们充满自信。

闲聊与赞美给顾客减轻压力

有时，我们会碰到这样的顾客：他站在店铺里，周围摆满了商品，却不敢抬起眼睛看一下，销售员问他有什么需求，他躲躲闪闪的，像是不敢回答一样，更别提试穿或者试吃了。这些是自卑的常见表现，面对这样的顾客，该怎么处理呢？此时销售员要采取迂回策略，和顾客套近乎，因为顾客不了解你，更不了解产品的真正价值。他们认为自己配不上产品，所以销售员要做的就是壮大他们的胆子。

你可以先和顾客寒暄一下，然后从天气、时事、娱乐八卦等方面着手，什么都可以聊，关键是让顾客开口，而不是吓得扭头就走。如果是男顾客，当然要从汽车、足球、军事等方面开展话题，然后夸赞他们见多识广、思想深刻。如果是女顾客，则要从服装、设计、发型、化妆品等入手，然后夸赞她们气质超群。这个世界上的每一个人都希望别人感知自己的存在，感知自己的价值，所以称赞是最好的方法！

面对顾客，最重要的不是卖出去多少东西，而是与他们建立良好的关系，增加潜在客户的人数。你也许没有卖出去多少东西，但是你给顾客带来了精神上的愉悦。

学会倾听顾客说话

一般来说，顾客都希望能够从销售员那里了解产品究竟是什么，还想知道这笔钱花得值不值。只有这两个问题解决了，他们才会坚定自己的购买决心。因此在和顾客聊天时，销售要用认真的态度聆听顾客的诉说，让顾客感到放松。具体来说有效倾听的作用主要有以下几点。

1. 知道顾客真正想要的是什么

有时，销售员或许认为自己对顾客足够了解，于是根据自己的经验推荐了产品，实际上顾客很可能刻意隐瞒了自己的真实想法。比如顾客说自己喜欢漂亮、流行的手机，于是销售员推荐了一款高端手机，但是顾客心里想的却是“我没那么多钱，只想买一款性价比高的手机”，如此一来，这笔生意就很难做成了。因此，销售员要学会聆听，对顾客提出的相关想法理解到位，否则就算不上是有效倾听，自然也不可能抓住成交的最佳时机。

2. 获得顾客的好感

销售员要学会聊天，获得顾客的好感，从而调动起顾客的积极情绪，为接下来的销售工作扫清障碍。通过有效的倾听，销售人员可以向顾客表明自己十分重视他们的需求，并且正在努力满足他们的需求。顾客可以畅所欲言地提出自己的意见和要求，这除了能满足他们表达内心想法的需求，还能让他们获得自信。

3. 创造和寻找成交时机

和顾客聊天的目的是达成交易，而不是消遣时间。也就是说，销售员要为了达成交易而倾听，而不是为了倾听而倾听。在倾听的过程中，销售员可以通过顾客传达出的相关信息判断顾客的真正需求和关注的重点问题。然后，销售员就可以针对这些需求和问题寻找解决的办法，从而令顾客感到满足，最终实现成交。

不要对顾客的讲述提出有争议的话，不要太追究顾客讲述的细节，让顾客连贯、充满感情地讲完自己的故事，给顾客自如地敞开心扉的机会。销售员对顾客的提问必须是真诚的、有意义的，这有助于双方进一步交流感情。

在生意场上，做一名好的听众，远远比夸夸其谈有用得多。如果你对顾客的话感兴趣，并且有继续听下去的急切愿望，那么订单通常会不请自来。因为每个人都有倾诉欲，顾客也不例外，一个人在倾诉的时候，最容易放松戒备、敞开心扉，这时候正是说服他的最佳时机。销售人员需要做的，就是引起顾客隐藏在内心的倾诉欲望，让其在倾诉中加深对自己的信任。当他在销售人员这里说出了憋在心里的话时，就会感到自己受到了足够的尊重，从而对销售人员产生好感，而调动起顾客的积极情绪正是销售工作的关键。

谈价值，别谈性价比，满足顾客的虚荣心

顾客的消费行为有多重目的，一方面是满足自己的现实需求，另一方面则是满足心理需求。而满足虚荣心正是心理需求的其中一种，顾客希望自己购买的东西能够受到他人的认可及赞扬。作为销售，我们不妨利用顾客的这一心理来促成交易。

购物理念正在转变，性价比不再是唯一标准

顾客在购买产品的时候，最常提到的一个词就是性价比，性价比高的产品往往很受欢迎。有人花1000多美元购买高端手机，也有人只花1000多元人民币就买到了一款心仪的手机。曾几何时，性价比几乎是人们购买产品的唯一标准。

然而，消费者的购物理念也在逐渐转变，人们看中的不仅仅是性价比了，设计感、售后服务、品牌等也被列入了他们必须考虑的因素。消费者愿意为好的产品付出更多金钱，也愿意为正品付出更多的代价。在某些领

域，“性价比”还保留着本意，但是对于某些人来说，品质才更接近产品的灵魂。

究其原因，还是得回到商业的本质上来，“一分价钱一分货”，这是亘古不变的道理。现在消费者有了更多的精神追求，相比于价格，他们更看重价值。

多谈价值，少谈价格，让顾客认为“买得值”

顾客初次接触产品时，通常都会下意识地问一句：“这个产品多少钱？”此时他们不会主动提及产品的价值，因为他们对产品并不了解，只能用价格作为参考，对价值进行一个大致的判断。销售员要做的是把顾客的眼光放在产品本身，让他们认识到，购买这件产品将会给他们带来多么大的便利和享受。

一位顾客走进了一家金店，向营业员询问一条项链的价格和成色，营业员详细地介绍了相关信息，结果顾客说：“你们这里的款式太少了，比不上别家，而且其他家的成色也有保证，价格还更低一点。”面对顾客的不屑一顾，营业员无言应答。

这时金店的主管恰好走过，他眼见销售陷入僵局，便走了过来，对顾客说：“您好，我们这家店的历史非常悠久，是一家知名品牌，百年品牌能够走到今天，靠的就是诚信和品质，很多顾客就是冲着我们的牌子来的，质量绝对有保证。您所看的这一款首饰是今年的新款，款式非常新颖，市场上还从未有过这种款式的产品。简约朴素的设计，和您高贵大方的气质十分搭。我们的价格是高些，但绝对物超所值！”顾客听完这番话以后，果然动心了。

相比于营业员的介绍，主管的介绍显然更加“高明”，他没有局限在产品的价格和成色上，而是从价值方面进行分析，把产品的设计感和顾客身上的气质联系在了一起，从而产生了更加打动人心的效果。

顾客都很看重性价比，但是顾客也有虚荣心，由于条件的限制，在有些人身上体现得更加明显而已。如果顾客感觉自己“买得值”，哪怕花双倍价钱，他们也愿意。所以在销售的过程中，要学会开拓思维，不要把营销重点局限在价格、重量、大小等物质属性上，而是应该把重心放在价值上，让顾客感觉自己“买得值”！

情绪管理的费斯汀格法则

在实际销售工作中，将顾客的情绪往好的方向引导，正是从“费斯汀格法则”出发得出的方法。可以说，费斯汀格法则就是本书的理论起点，因此很有必要介绍一下。

费斯汀格法则是由美国社会心理学家费斯汀格（Festinger）提出的，他认为，人们生活中遇到的事情，10%是意外发生的，不受人的意志的影响，而剩下的90%是由我们自己的反应造成的。

为了解释这个理论，他举了一个例子：

卡斯丁先生早上洗脸时，将手表摘下，放在餐桌上，以免被水淋湿。结果小儿子不小心将其摔坏。卡斯丁非常懊恼，就把儿子骂了一顿，又冲妻子发了一通火。一气之下卡斯丁连早餐也没有吃，直接开车去了公司，快到公司时突然发现忘了拿公文包，又立刻返回家。可是钥匙放在了公文包里，妻子又送儿子上学去了，卡斯丁进不了门，只好打电话请妻子回来帮他开门。等到妻子慌慌忙忙地赶到家时，卡斯丁已经迟到了15分钟，挨了上司一顿严厉的批评，卡斯丁的心情坏到了极点。

在这个事例中，手表摔坏占10%，纯属意外事件，人们没有预见它发生的能力，而后面的90%则是由卡斯丁的情绪反应引起的。这一系列事件的发生，就像“蝴蝶效应”一般。如果卡斯丁一开始没有那么生气，而是保持良好的情绪，后面的90%可能就会朝着好的方向发展。我们常说要调整情绪，就是想要把那90%往好的方向引导。

两种不同的情绪，最终导致了两种不同的结果，从这个简单的例子中可以看出，人的情绪及行为反应与其对事物的想法、看法有直接关系。很显然，让我们难过和痛苦的，不是事件本身，而是对事情不正确的解释和评价。

现在的企业太聪明了，远比消费者想象的聪明。他们学习最先进的知识，从多个方面影响消费者，他们挑动着消费者的神经，使消费者表现出预期的情绪，而这些汇集在一起的情绪就如同潮水一般，冲刷着生意场的阵地。

后记

目前市场上充斥着大量有关消费者行为学和消费者心理学的书籍，每一位作者都试图教读者学会重新认识顾客，然而对顾客的情绪变化却语焉不详。销售人员每天都要接触大量的顾客，有必要了解顾客的情绪变化规律，知道顾客为什么会生气，如何让顾客由怒转喜，如何利用情绪完成销售工作。因此，我在查阅了大量资料后，经过长时间的整理，完成了这本书的写作。

人们总是倾向于认为人是具有理性的动物，但是大量的实际案例告诉我们，人是理性和非理性的综合体，具有理性的一面，也具有非理性的一面。尤其是在与自身利益相关的场景下，人们的情绪更是变幻莫测。

顾客的情绪会受到多种因素的影响，一句对白、一段音乐，甚至一束灯光，都能让他们进入快乐或者不满的情绪中。销售人员应当尽量避免出现过失，以免让顾客陷入消极情绪中。顾客一旦出现消极情绪，销售人员应该及时处理，采取补救方法，驱散顾客心中的阴霾，让顾客重新回到积极情绪中，这对于销售工作而言是至关重要的。

本书的写作过程并不顺利，因为情绪不比行为，是看不见、摸不着的，想要将它说明白可不是一件容易的事。所以我放弃了传统的研究方法，对高深晦涩的理论知识只是一带而过，将重点还是放在实际生活中，毕竟本书要讨论的重点对象是“顾客”。

最后，希望本书成为广大读者的良师益友！